阅读成就思想……

Read to Achieve

新父母课堂系列

有温度的亲子沟通

看见孩子，倾听孩子

王敏娜 徐静 ◎ 著

中国人民大学出版社
·北京·

图书在版编目（CIP）数据

有温度的亲子沟通：看见孩子，倾听孩子 / 王敏娜，徐静著. -- 北京：中国人民大学出版社，2024.1
ISBN 978-7-300-32296-4

Ⅰ. ①有… Ⅱ. ①王… ②徐… Ⅲ. ①亲子关系－家庭教育 Ⅳ. ①G78

中国国家版本馆CIP数据核字(2023)第211379号

有温度的亲子沟通：看见孩子，倾听孩子
王敏娜　徐静　著
YOU WENDU DE QINZI GOUTONG : KANJIAN HAIZI , QINGTING HAIZI

出版发行	中国人民大学出版社		
社　　址	北京中关村大街 31 号	邮政编码	100080
电　　话	010-62511242（总编室）	010-62511770（质管部）	
	010-82501766（邮购部）	010-62514148（门市部）	
	010-62515195（发行公司）	010-62515275（盗版举报）	
网　　址	http://www.crup.com.cn		
经　　销	新华书店		
印　　刷	天津中印联印务有限公司		
开　　本	890 mm×1240 mm　1/32	版　次	2024年1月第1版
印　　张	6.875　插页 1	印　次	2024年1月第1次印刷
字　　数	109 000	定　价	59.00元

版权所有　　　侵权必究　　　印装差错　　　负责调换

赞誉

你有没有发现，今天的孩子容易玻璃心、爱抑郁、不抗压？如果父母能在小家庭中给予孩子足够的安全感，那么孩子步入社会后出现情绪问题的概率就会低很多。好的沟通能给孩子带来安全感，不好的沟通则会给孩子带来压迫感。学习有温度的亲子沟通真的太重要了！

秋叶

秋叶品牌、秋叶 PPT 创始人

关于亲子沟通的书很多，但我想你和我一样，被这本《有温度的亲子沟通》书名中的"有温度"三个字击中。能这么准确地抓住亲子沟通的本质，就值得你翻开。读完联结、理解、合作、赋能四部曲，你就会发现本书做到了"可落地"。

李海峰

DISC+ 社群联合创始人

有温度的亲子沟通：看见孩子，倾听孩子

很多父母以为，和孩子的沟通要关注怎么说的话术上，但《有温度的亲子沟通》一书则会告诉你，沟通的前提是孩子愿意和你沟通。书中介绍的4C沟通模型能帮助父母打好与孩子沟通的基础，做到你讲的孩子愿意听，孩子也愿意讲给你听。

彭小六

洋葱阅读法作者、读书会创始人社区主理人

《有温度的亲子沟通》这本书的两位作者来自一南一北，性格迥异。作为作者的老师，我见证了她们的蜕变成长——用自己的家庭教育实践和真实案例，诠释了什么是有温度的亲子沟通，以4C沟通模型——联结、理解、合作、赋能一气贯通，让人在阅读中读懂孩子，在案例中学会沟通。这本书将帮助更多父母成为智慧父母，给更多家庭带来温暖快乐！

张毅

经管作家、组织效能与领导力专家

《有温度的亲子沟通》是一本非常落地、亲民的亲子沟通技巧书籍。语言通俗易懂，一气阅毕方才罢休。书中没有枯燥晦涩的艰深理论，只有写给父母的沉浸式情境案例；没有模糊难懂的专业术语，只有娓娓道来的生活比喻；没有居高临下的

对父母的说教，只有平等、尊重，以及与父母的共情。将本书随身携带或置于床头皆适宜，每日翻看几页，能让父母在亲子互动中自知自觉，知止而后行。真心推荐！

韩颖

教练式 TTT（职业培训师培训）导师及管理导师

《有温度的亲子沟通》一书中提出的 4C 沟通模型，让父母在爱和联结的前提下与孩子沟通，帮助孩子纠正不当行为，并能应用于亲子沟通的方方面面（包括但不限于社交、学习、情绪等），很有价值，值得年轻父母多多学习。

吕瑜洁

历史文化畅销书作家、视频号"瑜三昧"主理人

《有温度的亲子沟通》为我们展示了一幅温馨的亲子沟通画面，让人拿起来就不愿意放下。与以往看到的家庭教育读物不同的是，本书结合大量的案例，为我们提供了很多容易落地的方法和话术，让人有一种相见恨晚的感觉。为人父母不妨从这本书开始，一起和孩子探索美妙而令人向往的"有温度"的亲子关系！

薛铁鏻

Coach8 创始人、ICF 认证 MCC 级别教练

有温度的亲子沟通：看见孩子，倾听孩子

每个父母都希望孩子往好的方向发展，但也有不少父母因为家庭教育的问题而感到苦恼、无助，甚至是绝望，最终导致亲子关系破裂。《有温度的亲子沟通》这本书为我们展示了一种积极的心态、一种科学的方式，通过真实案例和手把手地教学，告诉我们如何换一个角度、换一种思路解决问题。在父母主动寻求帮助并做出改变时，孩子也一定能捕捉到这些细微的变化。我相信，这本书的影响一定是潜移默化的，能用温度传递温度。

邹一歌

华盛顿大学语言文化教育系博士

推荐序一

作为一名新时代的职业女性,要想在工作与生活之间找到平衡并不容易:每天在职场忙碌,处理无数的冲突和困难,努力呈现最佳状态;一回到家,有柴米油盐酱醋茶和两个貌似长大但又不成熟的小人儿需要我关爱,一不小心,还要处理跟"猪队友"的关系。可是,孩子的成长是单程车票,不能说不满意了重新来过,我不想因为太忙而错过孩子们成长的每个瞬间。

我有两个孩子,大儿子今年高二,小女儿五年级。我每天都为他们准备营养丰富、色香味俱全的早餐,只有清晨的时间才是真正属于我自己的。前一天不管多晚我都会提前备料,然后早早起床,或蒸或煮或烤或炒,用不同餐盘摆成漂亮造型,默默地看着孩子们吃完。我认为,这短暂的相处时光对我和孩子们来说都意义重大——能让孩子们充分地感受到重视与被爱，获得一整天的学习和活动所需的养分，包括心灵的滋养。

然而，我也会在内心深处感到焦虑——仅仅是准备早餐就能让孩子充分感受到爱了吗？如何在繁忙的工作中与他们建立这种信任关系？如何更好地处理青春期和更年期的矛盾？如何担负起母亲这个角色的责任？

在我焦虑的时候，孩子并没有停下成长的脚步。大儿子开始有了自己的想法，每周只回来一天，每回来和我的对话不超过10句。我知道，这是孩子独立的表现，但这种从亲近到疏远的过程让我感到不适。小女儿也开始有自己的小脾气，不再百依百顺，开始喜欢唱反调——你说的，我偏就不。

家庭教育的项目，是由吴晓飞校长于2019年带入新东方杭州学校的。我很荣幸地被他选中，负责这个项目。我们每年举办将近200场大型家庭教育讲座，还组建了家委会，并开办一些沙盘课程和工作坊等。我们这个项目就像是播家庭教育的种子，开幸福生活的花。

这本《有温度的亲子沟通》的两位作者——王敏娜和徐静是我最重要的家庭教育讲师，她们投身家庭教育工作多年，系统地学习儿童发展心理学，积极开展公益讲座，充分结合理论与实践,以温暖和睿智的方式引导无数家庭。我很高兴能与她们共事。在她们身上,我看到了为人父母的使命感、责任感,也看到了只有不断地学习和反思,才能成为更好的自己。

《有温度的亲子沟通》一书就是两位作者多年心血的结晶。我特别喜欢书中"4C沟通模型"的提法,包含联结、理解、合作、赋能四个要点:联结教会我们如何与孩子建立亲密的关系;理解让我们学会站在孩子的角度思考;合作指导我们如何与孩子和睦共处;赋能使我们懂得如何激发孩子内在的能量。这为我们提供了一个清晰的框架,可以指导我们与孩子进行积极的沟通。

更让我感动的是,两位作者细致入微地设计了许多实用话术,这些话术为我们推开了和孩子正常交流的大门。这些话术简单易掌握,我可以借助它们轻松地与孩子交流,取代了之前频繁的批评、命令、指责与争吵。孩子也变得更愿意和我沟通也更开朗,我们的亲子关系日渐和睦。

《有温度的亲子沟通》这本书让我受益匪浅,它就像一位细心的导师,以缜密的理论和丰富的案例,指引我为孩子构建一个温暖的家。我衷心感谢两位作者,感谢她们的无私奉献,让更多父母从中获悟。家庭生活因为有你们而变得更美好。

最后，希望这本书能帮助更多的家庭，让更多的孩子健康快乐地成长。

黄伟群

新东方浙江学校党委副书记、综合行政部总监、

家庭教育中心负责人

推荐序二

接到王敏娜老师和徐静老师发来的邀请，请我为她们的新书《有温度的亲子沟通》作序，我由衷地感到高兴，也表示祝贺。

我是王丽，是一位从事近 20 年生涯教育的大学老师，也是一位见证过众多生命成长的教育咨询工作者。徐静是我的学员。她是一位非常好学、喜欢钻研、很有韧劲和学习力的学生，她深深地热爱心理学和家庭教育，她坚持不懈地累积着心理学的知识，并在家庭教育实践中应用。徐静和王敏娜在学校、社区、媒体平台等场景中做了大量的家庭教育分享和咨询服务，并在自己的家庭中践行心理学的知识和理念。我想，或许正是因为有这样的执着热爱、不断地实践，才有了这本可以指导父母的、非常贴近父母需求的书。可以说，这本书也是这两位老师在心理学中的探究和发现。

有温度的亲子沟通：看见孩子，倾听孩子

我是叙事生涯的研究者和实践者。多年来，我接待过各种各样的青少年来访者，他们常会出现内驱力缺失、目标缺失、抑郁等问题。在问题的背后，我常常会感受到父母的痛苦和不容易。他们太需要学习了！中国的父母特别想当好父母，可是却不知道如何才能成为"好父母"。因此，父母往往会感到内心备受煎熬。在这样一个比较卷的时代，父母也都非常渴望孩子拥有一帆风顺的人生——他们渴望孩子考上好大学、找到好工作、组建好家庭。当这些内在的、较为单一的渴望战胜了父母的理智时，他们的言行会不可避免地受到紧张、焦虑、担心的影响。他们常常忘记了孩子也是人，孩子需要情感的滋养，需要言语的鼓励，孩子渴望被看到、被呵护、被认可。可是，父母常苦于不会表达、不会倾听，又缺乏家庭教育的理念，便把孩子仅仅视作满足自己需求的"器物"。言语中经常会流露出不满、训斥、权威、评价的字眼而不知。有的孩子因得不到父母真实的爱和温情的陪伴而痛苦不已。爱和沟通，其实是滋养孩子内心力量的沃土。

也就是说，父母如何和孩子说话是很重要的，因为语言是有非常有力量的。身为孩子的重要他人，父母应时刻与孩子保持联结，哪怕只是日常沟通中如何倾听孩子、如何和孩子说话，都会极大程度地影响孩子的自我评价和自我认同，从而影

响孩子内心的力量感和希望感。

因此,在这个竞争越来越激烈的时代,在这个父母越来越容易焦虑的时代,在这个抑郁、焦虑等心理问题越来越突显的时代,亲子沟通的艺术就显得尤为重要。好的沟通可以给孩子提供爱的港湾,了解孩子内心的需求、渴望,开心和不开心的事情,化解孩子不安的情绪;好的沟通可以表达父母的关心、全然的爱,让孩子体会到被爱和被鼓励,这是滋养孩子一生的力量;好的沟通可以让父母获得大量的信息,帮助孩子挖掘潜在的优势、内心的热忱,打开孩子看自己的视角,让孩子的内心会变得丰富而不急躁;好的沟通会教会父母不评判、不操控、不训斥,从内而外地尊重孩子,这不仅能让孩子拥有思考的能力,更能享有作为人的尊严。

这本《有温度的亲子沟通》特别有价值。尤其是对于小学生来说,父母全然的爱、有效的沟通技能的训练是非常重要的。难得的是,本书将心理学中的一些枯燥的理论与大量的咨询实践相结合,教父母们掌握非常实用的沟通技术。同时,本书文笔亲切自然,内容翔实,可操作性强,并为父母提供了表达、倾听、解决问题等亲子沟通话术。这些话术也可以被视为心理学知识在语言中的有效应用。

期待更多的父母拿起这本充满温情的书，反复地阅读和学习，掌握其中颇具智慧的沟通话术，在生活中大量地实践和探索。我相信，这将有助于打开孩子心灵智慧的窗口，也能引发孩子内心美好的情感、对父母的爱、对未来的憧憬，给孩子带来真正的、滋养一生的财富。

王丽

国内叙事生涯规划前沿专家

大学生涯规划教授

美国NBCC咨询师认证管理委员会认证全球职业规划师（GCDF）

全球生涯教练

自 序

嗨,感谢你翻开这本书,更感谢你愿意为了更好地和孩子沟通而主动学习和尝试改变。

请先允许我们来介绍一下自己。我们是心理工作者、家庭教育指导师,也是母亲。近年来,我们在幼儿园、中小学、妇联、社区街道、企业、媒体平台等开展了一系列的家庭教育讲座和工作坊。在与父母接触的过程中,身为母亲的我们对他们的渴望、无助、焦虑感同身受。

为人父母,我们都渴望用更好的方法解决养育过程中发生的问题,可在实践中常会因方法难以落地或操作困难而感到无助,还会因受挫而焦虑。我们常会有以下疑惑。

- 孩子每天放学后一到家就拿着手机玩个不停,我要么说很多次他才放下去写作业,要么硬抢才行。我感觉好累啊,有什么好办法呢？

- 孩子太玻璃心了，一遇到挫折就哭，我怎么安慰都不行，如何才能让孩子更抗压一些呢？
- 孩子太爱发脾气了，而且越大脾气越差，一言不合就冲我吼，我该怎么办？
- 孩子太拖拉磨蹭了，尤其是写作业，动不动就让全家情绪崩溃，有什么办法解决吗？
- 孩子在学习时太有依赖性了，不愿意主动思考，我该如何引导孩子独立思考？

我们被焦虑驱使，因焦虑困惑、沮丧。我们不想这么疲惫，可是问题出在哪里？出口又在哪里？

基于这些年的经验，我们在分析后发现，这些问题往往是因无效的亲子沟通造成的。亲子沟通为什么会无效？因为父母对孩子的发展规律不够了解，导致沟通方式不当。人本主义心理学先驱、个体心理学的创始人阿尔弗雷德·阿德勒（Alfred Adler）曾说过："教育孩子最大的困难就是对儿童的无知。"在这里，"无知"指的是对孩子的不了解，对孩子的不当行为缺乏正确的引导。

因此，我们基于儿童和青少年的心理发展规律，在本书中提出了4C沟通模型（见本书第1章），分别是联结（connection）、理解（comprehension）、合作（cooperation）、赋能（creation）。由于这四个单词都是字母"c"开头的，故而得名。

我们以孩子依赖手机为例来简要介绍4C沟通模型。首先，父母要和孩子站在一起面对困难，而不是站在孩子的对立面（联结）。其次，父母要理解孩子依赖手机的原因，比如，孩子希望通过玩手机来放松和娱乐以平衡学习压力，但因大脑不够成熟而自制力薄弱（理解）。再次，以平等的方式和孩子聊聊如何解决这个问题（合作）。最后，引导孩子用更丰富多彩的方式享受生活，提高孩子的掌控感（赋能）。可见，4C沟通模型是用来帮助父母在爱和联结的前提下与孩子沟通，并帮助孩子纠正不当行为的，进而将4C沟通模型应用在亲子沟通的方方面面（比如，社交、学习、情绪等）。要想更深入地了解、更灵活地运用，可以参考本书第2~5章。

在本书的第6章，我们介绍了父母的自我修炼。这不仅涉及了父母的自我照顾和自我关爱，还涉及对父母情绪或行为失控背后的原因的分析。这个自我修炼的过程，也是自我疗愈的过程。

书中的案例多为我们在咨询或培训中遇到的，涉及面很广，希望你能在产生共鸣之余，还能在遇到类似问题时有所启发。为了保护当事人的隐私，我们在案例中用了化名，并对情况进行了适当的处理。

最后，希望读过本书的你，能给予孩子无条件的爱，看见孩子、理解孩子、呵护孩子，让孩子享受身体和心灵的自由，也希望你能享受亲子共处的快乐和陪伴孩子成长的那种踏实感。

目录

第 1 章　什么是有温度的亲子沟通

　　有温度的亲子沟通有多重要　　/ 5

　　和孩子沟通为什么这么难　　/ 7

　　理想的沟通效果　　/ 10

　　借助 4C 沟通模型，实现理想的沟通效果　　/ 15

第 2 章　联结：用爱让信息传递得更有效

　　父母要把沟通的焦点放在哪里　　/ 21

　　沟通的四种类型　　/ 26

　　爱的三种表达　　/ 34

关于规则的规则　　/ 42

及时、积极地修复关系　　/ 53

第3章　理解：读懂孩子的心

看见孩子　　/ 65

了解孩子情绪的特点　　/ 70

转换视角　　/ 74

倾听的三个层次　　/ 79

使用共情的语言　　/ 87

发掘孩子的优势　　/ 91

让孩子慢慢长大　　/ 98

第4章　合作：和孩子一起解决问题

是要"赢了孩子"还是要"赢得孩子"　　/ 105

搬开合作的绊脚石　　/ 111

从对抗到合作　　/ 121

引导孩子从多个角度思考问题　　/ 128

五个步骤帮助你和孩子愉快地合作　　/ 139

第 5 章　赋能：成就更优秀的孩子

用语言为孩子赋能　　/ 150

用复原力为孩子赋能　　/ 154

用自信为孩子赋能　　/ 165

用成功为孩子赋能　　/ 173

第 6 章　为人父母的修炼

做心理成熟的父母　　/ 184

做情绪、行为成熟的父母　　/ 189

后　记　/ 195

第1章

什么是有温度的亲子沟通

第 1 章　什么是有温度的亲子沟通

在养育孩子的过程中，你是否有这样的困惑？

- 无论我跟孩子说什么，他怎么都不愿意听呢？
- 一件事我得跟他说八百遍他才能记住！
- 孩子最近怎么不愿意跟我说话了呢？
- 孩子怎么总是跟我唱反调？

先别急于为你的困惑寻求答案，不妨反思一下你在生活中与孩子的沟通方式。在以下常见的错误沟通方式中，你占了几项？

- 赶紧放下手里的玩具，过来吃饭！（命令）
- 你要是不好好写作业，一会儿就别出去玩了！（威胁）
- 就这点小事，有什么好哭的！（抑制情绪）
- 你这次考试没得 100 分，一定是你没好好听课！（主观臆断）

有温度的亲子沟通：看见孩子，倾听孩子

- 你只有好好学习，以后才能考上好大学，考上好大学才能找到好工作，人生才能越来越好。（讲大道理）
- 你真棒！真聪明！（不具体的称赞）
- 你怎么又把衣服弄脏了？穿衣服怎么就不能小心点呢？！我都跟你说过多少次了！（批评）
- 你看，你同桌每次都拿第一名，你怎么就不能向他学学呢？（对比贬低）
- 你怎么整天就知道玩，什么事都不会做！（负面标签）
- 你今天又没叠被子，真是懒死了！（言语侮辱）
- 你要是不想学习就直接告诉我，我还能省点钱！（讽刺）

相信你在看过这些例子之后，可能会不由得苦笑起来，这分明就是你和孩子日常沟通的写照啊！

那么问题来了：你喜欢这样的沟通方式吗？你有没有觉得这样的沟通冷冰冰的？你向往一种有温度的亲子沟通吗？

所谓"有温度的亲子沟通"，就是营造一种良好的沟通氛围，与孩子有感情地交流，让孩子感受到被爱、被理解和被尊重，让爱和温暖在彼此心中流动。

我们从事了多年的家庭教育工作，深深地体会到了长期采

用不同方式的亲子沟通会给双方带来怎样的影响。长期采用冷冰冰的亲子沟通，父母往往很暴躁，孩子胆小怯懦，其心理也会受到创伤；长期采用有温度的亲子沟通，则能让父母心态平和，孩子眼里有光、心理健康，家庭和睦。

可见，有温度的亲子沟通是至关重要的，但在将其运用于日常生活中时也会存在一些挑战。本章将介绍一种非常有效的沟通模型——4C沟通模型，它能帮助我们战胜这些挑战。

有温度的亲子沟通有多重要

先来看个案例。

案例

在小天被确诊为抑郁症后，爸爸才意识到了问题的严重性。他在认真回顾了小天的病因后发现，竟然和家庭存在着千丝万缕的关系。

小天的爸爸是一位忙碌的"上班族"，经常加班到很晚，回家时小天通常都睡了，因此父子沟通的时间很少。即使偶尔有沟通，爸爸也常因工作的事情而分心，显得心不在焉、缺乏情感投入。有时小天想和爸爸多聊一会儿，爸爸还会觉得不耐烦，影响了亲子沟通的质量。久而久之，小天感到孤独和被忽视。

此外，小天的父母之间的沟通也存在着问题。由于工作压力和家务分配不均，他们很少有时间和机会进行深入沟通。这导致夫妻间关系紧张，而且无法共同关注和处理小天的情绪问题。

这种紧张的家庭氛围常常让小天感到压力重重、透不过气来，无法感到安心和放松，导致他出现了兴趣减少、情绪低落、注意力不集中、学习成绩下降等问题。父母见状，又会气不打一处来，数落他、训斥他，更让他对自己失去了信心，陷入恶性循环中。小天曾说："我总担心父母又因为什么事而吵架，这让我上课时总走神，上课走神又让我成绩上不去，我又会因此而挨骂。"

· · · · ·

为了帮助小天摆脱抑郁症的困扰，他的父母需要积极改善亲子沟通。他们可以安排固定的时间进行亲子活动，增加彼此的互动和交流。此外，小天的爸爸还需要改善与妻子的沟通方式，分担家庭责任和压力，共同制定解决问题的策略。最为重要的是，小天的父母需要营造温暖和谐的家庭氛围，让小天感到支持和安全，他也只有在这样的环境中成长和学习，身心才能获得健康发展。如果有必要，他们还可以向心理咨询师或心理治疗师寻求帮助，帮小天恢复身心健康，维护好亲子间的沟通纽带。

和孩子沟通为什么这么难

相信翻开这本书的你，会或多或少地感到亲子沟通存在着困难。别担心，也别焦虑，这其实是一个信号，提醒你要寻求一种更有效的沟通方式了。

先要提醒你的是，亲子沟通并不仅仅是涉及你和孩子的问题，而且是一个系统性的问题。它不是一种孤立现象，它往往涉及社会、家庭和孩子这三个层面。

社会层面

从社会层面来看，有以下三方面的原因。

- **互联网的快速发展带来了信息量爆炸，对人们产生了巨大的影响**。然而，孩子接触的信息类型与父母接触的信息类型大不相同，这就会导致双方对事物的理解和看法也存在差异，从而为亲子沟通带来了困难。

- **父母的工作压力和孩子的学业压力日益增加。**父母忙于工作，孩子忙于学习，双方能坐下来好好聊聊天的时间似乎越来越少了。一旦沟通的时间减少了，沟通的频率和质量就必然会受到影响。

- **受社会上流行的"鸡娃""内卷"现象影响。**几乎所有的父母都希望孩子能够成龙成凤，在各方面都出类拔萃，便"鸡娃""内卷"。然而，我们根据"二八定律"可知，优秀的人毕竟只占少数。这就造成了父母的期望与孩子的实际表现之间存在差距，也会令亲子沟通变得更难。

基于上述几方面的原因，父母往往会感到焦虑，并容易将这种焦虑传递给孩子，影响正常的亲子沟通。

家庭层面

从家庭层面来看，越来越多的父母意识到传统的教育理念和教育方式已不再适用于现代社会，便越发重视家庭教育。然而，有的父母想转变自己的教育理念和教育方式，却不知如何下手。对此，有不少父母希望通过阅读家庭教育类的书籍或是参加家庭教育类的课程、工作坊等来学习新的理念。可是，纷繁的内容让他们感到困惑，不确定哪种沟通方式是最好的。

孩子层面

从孩子层面来看，成长并非一蹴而就，而是一个漫长的过程。孩子的生理和心理都还不够成熟，缺乏处理复杂情绪和社会关系的能力，也没有足够的经验去全面理解环境，这些都需要父母的理解和引导。

此外，就像在社会层面分析过的，父母对孩子的过高期待、繁重的学业，都可能会带来令孩子无法承受的压力，影响他们的心理健康，甚至会让他们陷入抑郁的深渊。在这种情况下，孩子会封闭自我，不愿和父母沟通。

/ **小贴士** /

> 父母要理解并时刻关注上述三个层面，寻求更好的方法和策略，与孩子建立一种平等、尊重的沟通关系。

有温度的亲子沟通：看见孩子，倾听孩子

理想的沟通效果

你可曾在脑中勾勒过理想的沟通效果是什么样的？诸如"母慈子孝""无话不谈"之类的词，很可能会立刻跳入你的脑海。不过，这更像是一幅画面或一种状态，而非一种清晰的划分或描述。

美国学者乔瑟夫（Joseph）和哈里（Harry）提出了一种沟通模型——乔哈里窗（Johari window）。该模型用一种可视化的方式，为我们清晰地展示了理想的沟通效果的模样。

这个模型像是一扇窗户，把我们与他人的关系划分为四个区域——公开区、盲目区、隐藏区、未知区。我们将这个模型套用在亲子沟通中，如图 1-1 所示。接下来，我们将逐一解释每个区域。

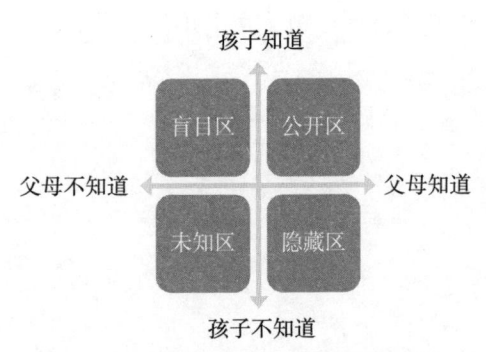

图 1-1 亲子沟通中的乔哈里窗沟通模型

第1章 什么是有温度的亲子沟通

隐藏区

隐藏区位于右下角,这里是父母知道、孩子不知道的信息。比如,孩子的脸不小心被笔划了一道,他自己可能完全没注意到,父母却能看见。

在日常沟通中,亲子间难免会发生一些矛盾,父母觉得孩子应该能理解自己的想法,便不再过多解释,但实际上并非如此,这就造成了信息不对称。

案例

已经很晚了,小英还没回家,妈妈又联系不上她,很担心。

小英终于回家了,妈妈立刻生气地指责她:"你这孩子怎么这么不懂事!这么晚才回来!出了事可怎么办!"

• • • • • •

此时,妈妈的情绪是复杂的——着急、担心、生气,而且前两者的比重可能是最大的。然而,妈妈这么一说,只能让小英感受到妈妈的怒气。

对此,父母需要更好地表达自己的感受,这样才能让孩子体会到父母的感受,从而避免在沟通中造成误解。

盲目区

盲目区位于左上角,这里是孩子知道但父母不清楚的信息,比如,孩子内心的真实想法。父母要想了解孩子内心的真实想法,就要鼓励他分享这些信息并积极倾听,让孩子感受到被理解和被接受。

案例

有一次,我们在某外资银行做讲座时遇到了一位女性高管。她行事雷厉风行,工作中果决且效率高效。不过,在与孩子的沟通中,她也采取了这种态度。她并未意识到这在亲子沟通中是不妥当的,但孩子却觉得妈妈只在乎结果,没有把自己的需求放在心上。如果这位妈妈一直不去询问孩子的真实想法,他们之间的关系只会越来越糟糕。

• • • • •

> **小贴士**
>
> 需要注意的是，在隐藏区，孩子可能会有一些不愿意分享的秘密。面对这种情况，父母一定要学会尊重孩子，给予孩子足够的私人空间。

未知区

未知区位于左下角，这里是父母和孩子都不知道的信息，其中可能包含孩子的潜在天赋或不为人知的能力。深入探索这些未知区域，对孩子自我认知的建立和决策能力的提升都非常有帮助。

父母可以通过与孩子合作，共同发现这个未知的世界。在这个过程中，父母的语言能起到很大的作用。在本书后面关于合作和赋能的章节，将会介绍很多切实可行的方法。

公开区

公开区位于右上角，这里是父母和孩子都知道的公开透明的信息。比如，孩子的生日、孩子的爱好、孩子喜欢吃的食物等。这些共享信息能够拉近亲子间的距离，增加彼此的信任。公开区的信息越多，亲子间的交流就会越顺畅，亲子关系也会更加亲密，使沟通效果实现最大化。

可见，在亲子沟通中，父母要尽可能地扩大公开区，即与孩子共同敞开内心的大门，实现真诚的对话。

实现理想的亲子沟通能为双方带来很多好处：

- 改善亲子关系，让家庭氛围更和谐；
- 了解孩子的需求和兴趣，帮助孩子发展自己的潜力和才能，从而为孩子的全面发展提供支持和引导；
- 亲子双方通过理解对方的观点、共同寻找解决方案并达成共识，可以促进问题的解决，减少冲突的发生；
- 在与父母良好沟通的过程中，孩子也学会了有效地表达自己的想法和感受，并学会了倾听和共情他人，这种良好的沟通技巧对于他日后的人际沟通和职业发展都有促进作用；
- 让孩子感到被重视和被认可，呵护孩子的自信心和自尊心。

本书的目的就是通过与父母共同努力，为亲子沟通营造一种开放和尊重的氛围，建立亲子间无阻碍的沟通之桥。

借助 4C 沟通模型,实现理想的沟通效果

我们根据乔哈里窗沟通模型可知,理想的沟通效果是双方都能明白彼此所表达的内容,明白彼此的需要和期待,在保持尊重的基础之上实现共赢。

再回到小英的案例,她的妈妈如何对小英说能实现更好的效果呢?她可以这样说:"看你这么晚没回来,而且又联系不上你,妈妈非常担心也非常着急。以后如果你再回来得晚,可以提前打个电话给我。要是和同学出去玩了,也可以告诉我你们大概在几点结束,我去接你。出门在外,要注意安全。"

这样一来,小英的妈妈就可以避免了指责的语气,并表达了自己的真实感受,以及自己的需要和期待。小英听了,不仅能更容易地接受妈妈的建议,更能体会到因为晚归和联系不上而让妈妈担心,以后也知道需要提前跟妈妈打声招呼了。

接下来,我们将介绍 4C 沟通模型(见图 1-2)。4C 沟通模型包括联结、理解、合作、赋能,该模型的名称是用这四个词对应的英文的首字母组成的。这不仅是一个高效的亲子沟通模型,也是贯穿本书的理论基础。

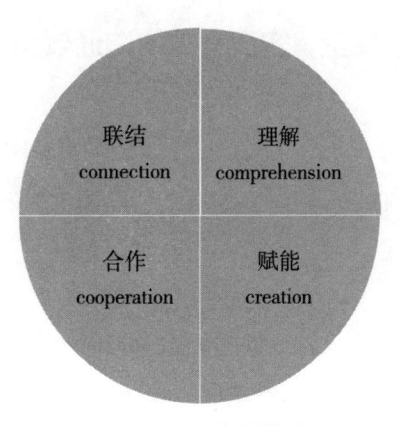

图 1–2　4C 沟通模型

比如，孩子正面临着学业上的困扰，父母能理解孩子的苦恼，希望帮助孩子提高学习效率。于是，父母和孩子商量，共同制订学习计划，给孩子报了学习辅导班，并鼓励孩子在学校中增强与同学的互动，不懂的问题也可以向同学请教（**联结**）。计划实施后，父母定期与孩子沟通，倾听孩子的感受、想法、困难、收获（**理解**）。在这个过程中，孩子产生过畏难情绪，但父母没有批评孩子知难而退，而是和孩子一起找老师，探讨孩子在学习中遇到的问题，及时调整学习方法（**合作**），并为孩子提供合适的学习资源，给予积极的反馈和认可，使孩子在学习中有更多的自信（**赋能**）。

这个过程看似简单，但其中还有不少需要注意的细节。

比如：

- 如果孩子一开始就自我放弃，觉得自己无论怎么学都不行，从而拒绝与父母沟通，那么父母该怎么办？
- 如果孩子对学习失去了兴趣，不愿意努力，那么父母该如何引导孩子？
- 在孩子产生畏难情绪后，父母该如何安慰孩子？
- 在执行计划后，如果孩子坚持了几天后成绩没有提高，父母该如何鼓励孩子？
- 在过了一段时间后的考试中，如果孩子进步不大，父母又该如何与孩子沟通？

关于以上列出的这些细节，将在后续的章节中介绍方法与话术。

第 2 章

联结：用爱让信息传递得更有效

第 2 章 联结：用爱让信息传递得更有效

本章我们将介绍 4C 沟通模型中的第一个 C——联结。

亲子沟通需要依赖情感联结，只有让孩子感受到父母的爱，父母的信息传递才有效。

心理学家约翰·鲍尔比（John Bowlby）的依恋理论也强调了这一点。他认为，一旦亲子间建立了稳固的关系，形成了紧密的情感联结，双方就都能拥有健康的自尊心和自我效能感，并都能提高社交能力和情绪调控能力。

因此，在孩子的成长过程中，父母必须始终与孩子保持紧密的情感联结和良好的关系，以实现有温度的沟通。

父母要把沟通的焦点放在哪里

正如我们在第 1 章所说的，沟通也是有温度的。温暖的沟通可以让孩子感受到自己是被尊重和被爱的，会让孩子产生一种如沐春风的感觉；相反，冷冰冰的沟通则会让亲子之间产生隔阂，变得疏远。

父母要把沟通的焦点放在哪里？

人 vs 事

案例

一位妈妈曾向我们咨询如何改善她和女儿小羽的关系。她尝试了很多方法，花了很多时间，但效果都不理想。

在咨询过程中，小羽告诉我们，妈妈每天回家后，见到她都会先问："作业做完了吗？上次考试考得怎么样？"这些话都让小羽感觉自己并不重要，妈妈最关心的永远都是学习和成绩。她希望妈妈能真正关注她这个人，比如，她这一天过得开不开心、累不累、晚上想吃什么等。

• • • • •

妈妈付出这么多，小羽为什么没有感受到爱？因为妈妈的关注点更多的是放在事情上，而非小羽身上，从而使她与小羽的情感联结出现了断裂。

一旦父母更关心事,就会更在意结果的好坏,比如:作业写完了吗?怎么又在刷手机?吃饭怎么磨磨蹭蹭的?

其实,在每件事的背后都带着人的情绪和需求。事情本身往往并不是最重要的,和人的联结才是最重要的,在亲子沟通中尤为如此。如果父母忽略了孩子的情感需求,孩子就会感觉自己不被理解、不被爱,从而启动防御机制、产生对抗心理,变得"爱顶嘴"了。

如果父母能把焦点放在孩子身上,就能重视孩子的需求、情绪和感受,并愿意设身处地地去理解孩子。比如,在看到孩子完不成作业时,会更关心孩子的状态:是因为太累了吗?是身体有什么不舒服吗?是今天发生什么不开心的事吗?是在学习上遇到困难了吗?

又如,在看到孩子刷手机时,也会更关心孩子为什么要这么做:是他学习累了吗?是他觉得无聊吗?是他希望通过刷手机来放松吗?是他在借助手机查资料吗?是他希望和同龄人聊聊天吗?

这样一来,孩子就能感到自己是值得被爱的,也更愿意把自己的需求与感受和父母倾诉。亲子之间不仅增强了对对方的信任,还拉近了彼此的心理距离。孩子感觉好了,做事时自然也能做得更好了。

想一想

你在平时与孩子的沟通中,是更关心事还是更关心人?请写下一个例子。如果这件事表明你更关心事,就请写下今后要如何调整;如果这件事表明你更关心孩子,就请写下这件事对你们之间关系的促进作用。

_____
_____
_____

积极的 vs 消极的

你关注什么,孩子未来就会活成什么样。

案例

有一次,我们去某保险公司做线下讲座,邀请各位家长说

第 2 章 联结：用爱让信息传递得更有效

出自己孩子的三个优点。一位妈妈特别为难地说："老师，我想了半天，只能想到孩子的两个优点。"这时，她旁边的同事七嘴八舌地说起："你儿子写字很好看啊！""他跑步也很快。""你儿子很有礼貌，每次来公司都主动和我打招呼。"这位妈妈听后很惊讶，然后不好意思地说："我眼里不怎么样的孩子，怎么在别人看来就成了'别人家的孩子'呢？"

● ● ● ● ● ●

对于同一个孩子，如果父母对他的关注点不同，就会有不同的评价，从而让孩子产生不同的感受。

如果你也有类似的经历，那么请先别急着自责。其实，这与我们的大脑在进化过程中发展出的一套反应机制有关——人们会优先注意到与自己密切相关的、一些有威胁的或是不好的事情，然后才会注意到其他事情。简言之，大脑更容易注意到问题。如果不加以调整，久而久之就会让人产生焦虑。

对于父母来说，焦虑会让他们更关注孩子的缺点，并从孩子身上找出更多符合孩子缺点的行为，以验证自己的观点和理念，从而忽略了孩子的优点。这会让孩子感到自卑、缺乏自我价值感和成就感。

对此，积极心理学为我们提供了一种优势视角。这是一种关注个体优点和潜力的视角，通过发掘和利用这些优点和潜力，促进个体的自我实现、成长和发展。一旦父母多留意孩子的优点和进步，就能感到身心愉悦、充满能量，孩子也会感到自信和被爱。

想一想

快快写下你的孩子的三个优点吧！

_____

_____

_____

沟通的四种类型

能否保持沟通的温度，取决于沟通的焦点是什么。根据焦点的不同，我们把沟通分为四种类型，分别为贬低型沟通、批评型沟通、表扬型沟通、联结型沟通（见图 2-1）。

第 2 章 联结：用爱让信息传递得更有效

```
                关注积极
         ┌──────────┬──────────┐
         │  表扬型  │  联结型  │
         │   沟通   │   沟通   │
关注事情 ├──────────┼──────────┤ 关注孩子
         │  批评型  │  贬低型  │
         │   沟通   │   沟通   │
         └──────────┴──────────┘
                关注消极
```

图 2-1　沟通的四种类型

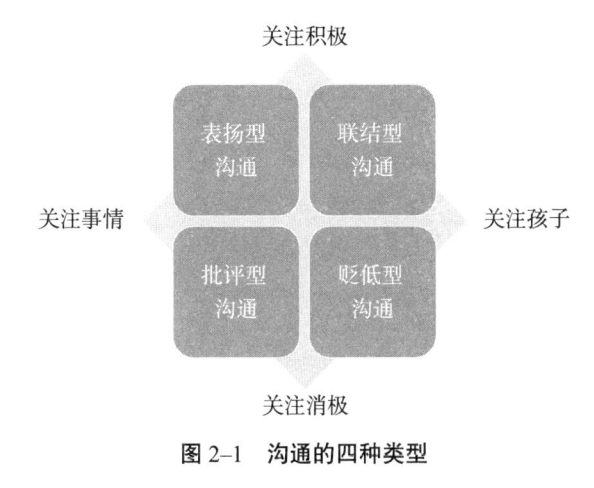

贬低型沟通

贬低型沟通，即更关注孩子的消极方面，且单方面地把自己的评价强加给孩子，甚至给孩子贴上诸如"你真懒""你真不专心"等负面标签。这种沟通方式会限制孩子的自我认知，形成消极的自我形象，让孩子失去信心，降低自我价值感。

案例

轩轩的父母总是这么说他："你看别人都在努力，就你这么懒散，做什么都需要我们催！"时间久了，轩轩开始接受这个负面标签，变得越来越消极。他觉得自己无论怎么努力都改变不了"懒散"这个事实,渐渐失去了学习的积极性。

● ● ● ● ●

我们见过很多类似的情况:有的孩子因为被贴上了"不善言辞"的标签而变得不再喜欢与人交流;有的孩子因为被贴上了"笨蛋"的标签而逃避各种挑战;还有的孩子因为被贴上了"调皮"的标签而变得更加顽皮捣蛋。

小贴士

> 父母的语言会影响孩子、塑造孩子。不过,即使你曾在无意中给孩子贴上了负面的标签也不要担心,只要你肯调整亲子沟通方式,就可以帮助孩子重塑积极正面的自我形象。

批评型沟通

批评型沟通,即更关注事情的消极后果,就像是父母拿着放大镜去看孩子的缺点和问题,这样会导致他们容易批评和责备孩子。

这种沟通方式往往会引发负面情绪,比如责备、失望等,孩子会觉得自己总是无法达到父母的预期,缺乏成就感和满足感。

如果父母总是强调孩子的错误和失败,孩子就会感受到巨大的压力,担心自己做不好,逃避各种挑战。

案例

刚学钢琴时,佳佳的劲头很足。随着她学习的深入,在她每天练琴时,妈妈总是在她的旁边指出各种错误:"你怎么又弹错了?你从来没有完整地弹下来一首曲子!"这让佳佳在弹琴时变得特别紧张,很担心自己再出错,甚至害怕在人前表演。她觉得自己总是弹不好,也害怕自己再被批评,而且她也不像最开始学琴时那么喜欢弹琴了。

· · · · · ·

佳佳因妈妈过度的负面提醒而在潜意识中认为自己弹不好琴,对弹琴产生了畏惧心理。

父母应避免在孩子面前过度强调事情的消极后果和他做得不好的地方,而要更多地去鼓励和肯定孩子,提高他的自信心。比如,在佳佳弹错的时候,妈妈可以多多鼓励她:"在学习过程中难免会出错，谁都会这样。只要多加练习，熟能生巧，你就一定能弹好的。"

表扬型沟通

表扬型沟通，即更关注事情的积极结果。父母会聚焦孩子的具体行动和表现，比如，这次考试有进步吗，作业都完成了吗，等等。父母试图借助这样的方式塑造孩子的行为规范，帮助孩子养成良好的习惯。

可是，你有没有想过，如果过分强调结果和表现，是否会给孩子带来压力，并忽视了他的内心感受呢？

案例

小池每次考试前都特别不安，紧张到大脑一片空白。在每次考试前，他的父母都会给他设定考试目标，如果达到了，就会奖励他；如果达不到，就会严厉地指责他，并给他留一大堆的题目。小池总是想：我必须努力，否则爸爸妈妈就不喜欢我了！

如果父母过度关注孩子的行为结果，并在取得好的结果时才给予表扬，就会让孩子感觉父母的爱是有条件的，只有在他表现很好时，父母才爱他。

这样的想法的确会让孩子更加努力，争取更好的成绩，赢得更多的爱和关注，但同时，这种"有条件的爱"也会让他担心，如果自己不够好，没有达到父母的期望，就会失去他们的爱和认同。

／小贴士／

> 从长期来看，父母要给予孩子无条件的爱，要让孩子知道，不论他的表现如何，他都是值得被爱的。

联结型沟通

联结型沟通，即既关注孩子，又关注积极。联结型沟通的父母更关注孩子的情绪和需求，会把自己调整到与孩子平等的位置，而不是高高在上地评判。

比如，在看到孩子难过时，联结型的父母会这样问孩子："我看到你有点难过，能告诉我发生什么了吗？"非联结型的

有温度的亲子沟通：看见孩子，倾听孩子

父母则可能会说："一点小事有什么好哭的！"

常有父母向我们咨询关于亲子沟通的问题："孩子不理我，我该怎么说？"这时，我们往往会先问："您和孩子的关系怎么样？"因为沟通源于关系，关系源于情感联结。

案例

有一位妈妈在听完我们的讲座回到家后，特地抱了抱她的儿子，并且轻声告诉他："妈妈爱你。"孩子有点不好意思，但眼角泛着点点的泪光。

之后的每个星期，这位妈妈都会专门抽时间陪孩子，做到了把关系放到第一位。经过一段时间，她发现孩子喜欢和她说话了。每天放学回家后，孩子都会主动告诉妈妈学校里发生的有意思的事，有时还会和妈妈聊聊自己的梦想，他们之间的沟通顺畅多了。

她向我们反馈说："我感到挺愧疚的，原来我忽视了他这么久。"

• • • • •

有时候，我们很容易把大量的精力花在让孩子完成一个个

第 2 章　联结：用爱让信息传递得更有效

目标上（比如，完成某个课程，通过某项考试），却忽略了孩子是一个有情感需求、有血有肉的人。

其实，如果父母能和孩子保持有效的情感联结，看到孩子真实的需求，那么很多问题往往都能迎刃而解。

联结无处不在，一个肯定的眼神、一句温暖的话语、一个关怀的拥抱，都是联结。

最后，再来做个小练习，复盘你对沟通的四种类型的掌握情况吧！

请判断以下四句话分别属于哪种沟通类型？

- 你怎么又把题目写错了呢？！这个 0 写得也不规范！（　　　）
- 你今天写的数字工整多了，正确率也高了。（　　　）
- 你今天写作业很认真，比昨天专心多了。（　　　）
- 你每次做作业时都不认真，粗心大意！（　　　）

答案分别是批评型沟通、表扬型沟通、联结型沟通、贬低型沟通，你做对了吗？

想一想

你目前和孩子常用的沟通属于哪种类型?

_____

_____

_____

孩子的反应如何?

_____

_____

_____

对此,你想到了哪些改进措施?

_____

_____

_____

爱的三种表达

每当你专注于孩子的情感和需求时,都会像储蓄一样,是在为你们的亲子关系慢慢做积累。这能使你们之间的联系更紧密,有效地避免了彼此在情感和信任上的"透支"。

第 2 章 联结：用爱让信息传递得更有效

养育孩子的路上不可能一帆风顺，亲子双方也很难做到百分之百的信任和亲密。不过，请记住，每一个关注孩子、理解孩子、满足孩子需求的时刻，都是你为亲子关系的积极投入，都是值得的。因为你的每一次投入，都能加固你们的情感纽带，增强你们的信任基础。在这个过程中，你不仅是孩子的引导者，还是他的朋友，与他共享生活的喜悦和挑战。

案例

11岁的子涵放学回来后，换好鞋子就要往卧室走。爸爸想跟子涵聊聊学校里的趣事，但是子涵没理他。爸爸耐着性子问子涵怎么了，他只是看了看爸爸，依旧没有回应。爸爸生气地说："我都叫你好几遍了，你没听见吗？"子涵淡淡地说了一句"听见了"后，就径直走进房间，关上门。

这种情况经常发生，爸爸很无奈也很困惑，感觉和孩子沟通起来很累。他希望有好办法可以帮助他重新走进孩子的内心，回到和孩子开心聊天的时光。

· · · · · ·

正如子涵的爸爸一样，有不少父母跟我们反馈，孩子小时候是个小话痨，天天跟在屁股后面，像小尾巴似的甩都甩不掉。孩子大了以后则变得"高冷",对父母要么爱答不理,要么显得很不耐烦。孩子越大,越是这样。

和孩子有话聊,才是正常的亲子沟通状态,否则就表明亲子之间出现了沟通障碍。要想打破障碍,父母需要怎么做?接下来,将介绍爱的三种表达。

多关注孩子需求的表达

案例中的子涵11岁,已经进入了青春期。此时,孩子往往会越来越看重自己的空间——不仅仅是物理上的空间,还有精神上的空间。他们往往只是单纯地不想说话,并不一定故意对父母爱答不理或是怀有敌意。孩子只是在慢慢地与家庭"分离",即心理学中所谓的"分化"。孩子分化的程度越高,就越会觉得自己是完整的、成熟的、不孤独的,也越能够体现自己的个性。

在分化的过程中,父母往往比孩子难受。曾有妈妈在我们的讲座中分享说:"原来的'小棉袄'不缠着我了,我心里总感觉挺失落的。"为了恰到好处地向孩子表达爱、巩固亲子联结,我们建议你试试以下方法。

- **目光接触**。孩子回来后,你要先与孩子有目光接触,然后欣喜且温柔地走近他,让他感受到你的关注和放松。在走到孩子身边时,可以向孩子微笑示意,再轻松地和他打个招呼。比如,"宝贝女儿回来啦""今天还顺利吧"。说话时,也要保持放松和关注。
- **说事实+感受**。说话时,要客观地描述事实,然后诚挚地说出自己的感受。比如,子涵的爸爸可以这样说:"我很想和你聊聊天,并叫了你三次,但是你都没理我(事实),让我感到有些困惑和担心(感受)。"
- **允许孩子不回应**。即使孩子不回应,你也不必追问,要给孩子空间和时间去放空或是自我消化。

多关注孩子情绪的表达

基于日常的亲子沟通,你可能已经注意到,控制、包办、忽视这三种沟通方式都会破坏亲子关系。一旦情感的纽带断了,所有纠正的效果都会大打折扣,甚至毫无影响力。而且更糟糕的是,它们还可能会引发三种不良的行为结果——叛逆、逃避、自暴自弃,各自表现如下。

- **叛逆的表现**:言语顶撞、行为顶撞。
- **逃避的表现**:爱答不理、遇事不找父母。

- **自暴自弃的表现：** 屏蔽或忽视父母的话，左耳进右耳出。

不当的沟通方式会严重影响亲子关系，导致孩子有话不愿和父母说。在子涵的案例中，他的父母在日常生活中存在着控制、包办或忽视的沟通方式，因此他也出现了叛逆和逃避。此时，首先需要调整的是子涵父母，可以采取两种方式。

- **给孩子自主的机会。** 诸如作业什么时候写、假期有什么规划、想去哪里旅行等问题，都可以问问孩子的想法，以及有没有比较好的建议。尽可能地采纳孩子的合理建议，孩子在感到自己被信任后会被激发出强大的内驱力和自信心。
- **倾听孩子。** 有时父母会认为自己比孩子强大，急于表达自己的想法，并告诉孩子什么是更好的选择。父母这么做，很可能会让孩子觉得这些都是父母强加给他的想法，会引起孩子的反感。父母应认真倾听孩子说的话，了解孩子内心的想法。如果想给孩子建议，可以先问问孩子："你想听听我的看法吗？"

多关注亲子关系的表达

在你和孩子沟通时，孩子通常是如何回应的？他是安全自信的，还是担心恐惧的？你希望沟通的双方更平等，还是完全受你的掌控？

一旦你开始关注亲子沟通和亲子关系，就能提高互动的质量，孩子的行为和情绪表达也会更成熟、更稳定。可以尝试以下两个方法。

向孩子表达感谢

不要只是简单地说"谢谢"，而要陈述事实，还可以加上孩子这么做之后的结果或父母的感受。这样才能让孩子感受到，父母是发自内心地在感谢自己。

亲子沟通话术

谢谢 + 事实 + 结果 /（父母的）感受

举例：

- 谢谢你按约定关掉了电视，这样我们都可以早点休息了。
- 谢谢你把这件事告诉了我，我感觉到被信任。
- 谢谢你帮我做家务，我感觉压力小了很多。

> **小贴士**
>
> 注意，表达感谢是"我感谢你，但不是为了驱使你"，也就是说，并不是要通过表扬孩子来达到某种目的。你如何认为孩子对你来说是怎样的存在，就会如何向他表达爱。

高质量地陪伴孩子

说起"陪伴"，你可能觉得很简单，也是几乎每天都会做的事。然而，陪孩子上兴趣班、写作业、他看电视你刷手机，这些都不是真正的陪伴，充其量只能算"陪着"。高质量的陪伴需要专一和专注。

所谓"专一"，良好的情况下是一对一，由父母一方单独陪伴孩子，最好选择彼此都感兴趣的事情，比如共同阅读、下棋。这种陪伴会让孩子感到自己是独特的、值得的、被爱的。

所谓"专注"，就是心无旁骛，不为工作而分神，不为作业而焦虑，不为生活中的琐事而过多地担心。在你保持专注时你会觉得，当下，孩子对我来说是最重要的。

陪伴时光没有特定的时长和频次的要求，而应根据孩子和你的需求，以及当下的情况而定。比如，在亲子阅读时，你可以和孩子一起商量选什么书、读多少页。

小贴士

陪伴的目的在于通过维护日常的亲子关系而与孩子保持良性互动，这样不仅能让日后的沟通更顺畅，还能在遇到大的分歧时也能陪着孩子顺利度过。

想一想

在日常生活中，你是如何与孩子保持良性沟通的？请将成功的方法写下来。

_____

_____

_____

有温度的亲子沟通：看见孩子，倾听孩子

关于规则的规则

想象这样的情景：你被蒙住了双眼，置身于25层楼的一个空旷的房间之中。房间的窗户靠近道路，但只有窗框，没有安装玻璃。如果没有任何引导，你会有什么感觉？会感到恐惧和迷茫吗？毕竟，你无法看到周围的环境，也无法准确地判断自己的位置和与窗框之间的安全距离。如果窗框上安装了坚固的钢化玻璃并锁好，你就会觉得安全许多——至少不会从没有玻璃的窗框中坠落。

窗玻璃就像房间的规则和底线。它不会限制你的自由，而是在保护你的安全。同样，从教育孩子的角度来说，如果没有帮助孩子立规矩，孩子就会面临更大的风险。只有为孩子设定了规则和底线，才能让孩子在自由的同时享有更大的安全保障。

/ **小贴士** /

请注意，哪怕是建立规则也要和孩子始终保持联结，避免强行的要求和控制。既要积极关注孩子本身，又要让孩子知道规则的重要性，让孩子在自由、安全的范围内成长。

在以下的案例中，我们以大多数父母在养育过程中会遇到的屏幕时间的问题为例，先来感受一下建立规则有多难。

案例

有一次，我们在妇联做讲座结束后，一位妈妈向我们反馈，儿子博文九岁了，一直都是一个很乖巧的孩子。最近，博文喜欢上了玩手机。为了防止博文上瘾，妈妈和他约定了使用时间。

实施的前几天还比较顺畅，屏幕时间结束后，博文会按照约定把手机交还给妈妈。又过了几天，母子间便开始因为手机产生了矛盾：有时，妈妈提醒他好几次他才交还手机；有时候，妈妈叫了博文好几次他也不回应；有时，妈妈把手机拿过来后，博文又会通过各种方式向妈妈再次索要手机，比如："妈妈，我要用手机查一些学习资料。"为此，博文的妈妈感到特别为难。

• • • • •

关于这个场景，你有没有感到似曾相识？有不少父母向我们咨询过孩子屏幕时间过多的问题。父母需要怎么做才能让孩子既有相对的屏幕自由时间，又能建立起相应的使用规则呢？

我们将实现这个目的的过程分为三个步骤，分别是：预设演练，冷静应对；记住目标，委婉拒绝；留意进步，及时反馈（见图 2-2）。接下来，我们将以使用手机为例，逐一讲解这三个步骤。

图 2-2 建立规则的三个步骤

第一步：预设演练，冷静应对

所谓"预设演练"，就是说父母要清楚地知道孩子为了玩手机会用到哪些方法，从而采取合适的方法应对。

孩子通常会有六种试探行为，类似说法如下。

- （边哭边说）我就不给你手机，就不给！（哭闹）
- 妈妈最好了！妈妈我就多玩 10 分钟。（撒娇）
- 妈妈我求求你了，再让我看 10 分钟吧，行不行？（哀求）
- 我一点都不困（事实上已经到了睡觉时间），等困了我再把手机放到桌上去睡觉。（哄骗）

- 你要是不让我玩手机,我就不好好写作业!(威胁)
- 妈妈,我今天太累了,你就让我放松一下吧!(获得同情)

面对孩子的试探,你可能会有五种应对方式,类似说法如下。

- 你都玩多久了,赶紧把手机放下!(生硬拒绝)
- 快把手机放下,否则我就要发火了!(哄骗)
- 你要是再玩手机,明天就不给你玩了!(威胁)
- 好吧,那就再看 10 分钟哦,说话算话。(妥协)
- (吼叫或者打骂)放下手机!不许再玩了!(暴力)

以上五种方式都欠妥,因为都起不到建立规则的目的。

有的父母担心拒绝孩子会让孩子感觉父母不爱他,其实不然,拒绝孩子并不代表不爱孩子,妥当的拒绝不仅能帮助孩子建立规则,还能提高孩子的自控力。

帮孩子建立规则和砌墙的道理很相似。从第一块砖开始,每一块砖都要垒稳,这堵墙最终才能稳固,边界才会明晰。如果一开始就没有垒稳,那么墙很容易就会倒塌。类似地,如果在最初建立规则时父母就容易动摇,那么规则就无从谈起,父母的权威也无从树立。

由于我们事先了解了孩子软磨硬泡的各种方式,就不易被孩子干扰情绪,也不易心烦了。此时,我们只需保持冷静,不要乱了阵脚,等孩子轮番尝试皆无果后,就会降低行为的强度,减少行为的次数,然后慢慢改掉这种行为了。

想一想

你的孩子会用什么方式试探你的底线?你之前通常是如何应对的?在下一次遇到类似情况时,请尝试冷静应对,然后记录你和孩子的反应。

_____
_____
_____

第二步:记住目标,委婉拒绝

注意这个步骤的关键词——"委婉"。委婉拒绝不仅能确保亲子间的联结,还有助于建立规则。

我们先来看看生活中常见的错误的拒绝方式。

- **无视感受的拒绝**。不关心孩子的感受,且伴随着指责的语气。比如,"叫你多少遍了,屏幕时间都已经结束了,赶紧把手机放下""你作业还没写完呢,还有心思看手机",这些都是对孩子的批评。
- **无视解释的拒绝**。不关注孩子的理由和解释,不给孩子解释的空间。比如,"别这么多理由,赶紧把手机放下""你跟别人比每天玩多长时间的手机有什么意义?怎么就不知道比比学习成绩呢",这些都是对孩子的贬低。
- **无视立场的拒绝**。上一秒很坚定,下一秒就自变立场了。比如,"真是拿你没办法,再看10分钟就别玩了啊""算了算了,拿去玩吧,就看一会儿啊",这些都是对孩子的纵容。

用以上的方式拒绝孩子,孩子的确可能会因为畏惧而放下手机,但也可能会想方设法、变本加厉地争取多玩一会儿,这些都不是理想结果。

在这场"拉锯战"中,孩子的目标很清晰——多玩一会儿是一会儿;你的沟通目标也要很清晰——让孩子按约定时间放下手机,同时要注意坚定目标,委婉拒绝。

我们回到博文的案例,看看如果博文的妈妈换一种说法会发生什么。请注意加下划线的部分。

案例

博文：妈妈，我还想再玩一会儿手机，可以吗？

妈妈：<u>我知道你还想再玩一会儿</u>，<u>但是到我们约定的时间了</u>。

博文：可是我还没玩够啊！我能不能再玩半个小时？

妈妈：<u>抱歉</u>，时间到了。

博文：我同桌每天晚上都可以玩很长时间的手机，为什么我就不行？

妈妈：每个人情况不一样，长时间玩手机对身体和心理都有影响，<u>请你放下手机</u>，等下次屏幕时间的时候再玩。

博文：（大哭）妈妈我求求你了，再玩10分钟行不行？

妈妈：我认为不行，<u>现在请你放下手机</u>，然后咱们去做一些其他好玩的事吧！比如，去玩乐高积木怎么样？

· · · · ·

博文的妈妈不仅共情了孩子想再玩一会儿的需求，还委婉地拒绝了他的需求，在孩子讨价还价甚至是大哭时，妈妈也能坚持原则，并给他提出了做其他事情的建议。这些都有助于帮助孩子建立关于屏幕时间的规则。

想一想

孩子在外面和小伙伴们玩耍,迟迟不愿意回家,你会如何与他沟通?

_____

_____

_____

第三步:留意进步,及时反馈

前两个步骤既做到了预设孩子的行为而不被扰乱,又委婉拒绝了孩子的额外要求,接下来要强化孩子的正向行为。在这个步骤中,重点是进步和及时。

博文的妈妈可以按照以下方式来说,请继续留意加下划线的部分。

有温度的亲子沟通：看见孩子，倾听孩子

案例

妈妈：<u>我看到</u>你不用妈妈提醒就主动放下了手机，你是怎么做到的？（好奇）

博文：因为我还没写完作业呢！

妈妈：听你这么说，<u>我觉得</u>你是一个有自控力的孩子。

● ● ● ● ●

博文的妈妈从关注他的不当行为到关注他的努力和进步，博文会因为妈妈的积极关注而逐步纠正自己，朝更好的方向发展。同时，妈妈也给予了博文及时反馈，进一步强化了他的进步，让他感受到被信任和被鼓励。

亲子沟通话术

我看到 + 事实 + 真心的鼓励 / 感谢

举例：

- 我看到你按照约定的时间主动放下了手机，我觉得你是一个有自控力的孩子，我相信你的自控力会越来越强的。
- 我看你到了吃饭的时间就和楼下的小伙伴道别

了，很感谢你让大家准时吃晚饭。
- 我看到晚饭后你看课外书很入迷，但15分钟的闹钟提醒后你就放下了课外书，开始抓紧写作业了，谢谢你的配合，这样我们就可以早点休息了。

/ **小贴士** /

　　注意，以上句式的目的是鼓励孩子越来越有自控力，但不要将这些话"变味"，成为驱使孩子的话。要知道，父母是鼓励还是驱使，孩子是能感受得到的。要想不让这些话"变味"，真诚的鼓励和感谢是关键，即你相信孩子可以更有自控力。

最后，我们以一个应用的案例来结束本部分的内容，请继续留意加下划线的部分。

案例

小维和妈妈事先约定了在儿童乐园玩一个小时，但约定时间到了，小维还没玩够，妈妈应该如何与小维沟通来帮助他遵守约定、按时回家呢？表2-1列出了小维的妈妈在遵循建立规则的三个步骤前后的沟通方式的对比，你可以清楚地感受到二者有什么不同。

表 2-1　小维的妈妈在遵循建立规则的三个步骤前后的沟通方式的对比

之前	之后	对应步骤
妈妈：你看看都几点了？不是说好就玩一个小时吗？赶紧回家了	预设孩子的试探行为（哭闹、撒娇、哀求、哄骗、威胁、获得同情），并告诉自己："无论孩子做出什么行为，我都要保持冷静。"	第一步：预设演练，冷静应对
妈妈：赶紧走，再不走天都要黑了	妈妈：我知道你还没玩够，但是已经到了咱们事先约定的时间了，咱们回家吧	第二步：记住目标，委婉拒绝
妈妈：你每次都这么不守时，以后再也不带你来玩了	妈妈：我注意到我只提醒了两次你就出来了，谢谢你的配合，这样咱们就可以按时回家了	第三步：留意进步，及时反馈

● ● ● ● ●

及时、积极地修复关系

家是一座温馨的花园,良好的亲子关系是让花朵绽放的源泉;相反,如果关系破裂,就像是一场无情的霜冻,会冻坏柔嫩的花苞,且这种关系破裂造成的伤害是难以预料和计算的。

因此,一旦出现关系破裂,就要及时、积极地去修复,重新建立亲子间的联结,让家尽快恢复温暖与和谐。

案例

有一次,我们在社区开展了关于学习的公益分享,不少家长反映说,一提起辅导孩子写作业就头疼。

一位妈妈和我们分享了与儿子小贝的相处模式。小贝10岁了,他常常在书桌前坐两个多小时但往往只写两三个字。妈妈觉得,小贝做事拖拉、畏难,而且非常容易走神。她也很担心,小贝已经到小学高年级了,再这样下去可怎么办!有一天,妈妈实在忍不住了,把他的作业本狠狠地摔在地上,大吼道:"你写了两个多小时就写了这么几个字,你说这作业是谁的事情?!为什么你写作业这么费劲?!我都快累死了,你还让我这么操心!我告诉你,什么时候写完作业,什么时候睡觉！"小贝也不肯让步，边哭边朝妈妈喊。妈妈的情绪更加激动了，使劲地打了小贝的屁股。那天晚上，两人再没说一句话。

• • • • •

为什么父母明明爱着孩子，却在沟通到最后时针锋相对，而且没有妥善地解决问题呢？

还记得之前讲过的沟通的四种类型吗？小贝的妈妈过度关注结果，忽略了孩子本身。也就是说，她从一开始时的方向就错了。正确的做法是，应先关注孩子再关注事情，先缓和关系再解决事情。

小贝的妈妈如何做才能既不伤害关系，又让他完成作业呢？在关系出现了裂痕后，又该如何修复呢？我们为你推荐 EAR 模型，这是情绪、道歉、方案这三个词对应的英文 emotion、apology、remedy 的首字母缩写（见图 2–3），它为我们提供了修复关系的三个步骤。

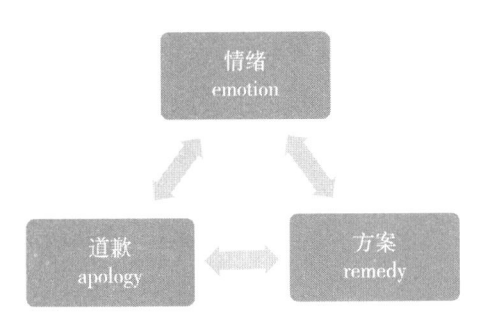

图 2-3 修复关系的 EAR 模型

第一步：控制情绪，防止愤怒升级

情绪是有等级的，我们可以把它看作一个螺旋。小贝的妈妈的情绪逐步升级，从开始的生气到愤怒、暴怒，最终失控，也就是常说的"越说越气""越说越来劲"（见图 2-4）。

图 2-4 愤怒升级

愤怒升级与大脑密切相关。大脑中的杏仁核被称为"情绪油门"，它对愤怒异常灵敏，因此又称为情绪的"烟雾报警器"。监控杏仁核的是前额叶皮质，它被称为"情绪刹车片"。在人类发展的长河中，"刹车片"非常薄，很难控制"油门"，从而造成了情绪升级和失控。在日常生活和新闻报道中，不乏父母怒撕孩子作业甚至打骂孩子的情形。待情绪冷静下来，"情绪刹车片"变得好用时，又会为自己的行为感到后悔。

愤怒升级的危害不言而喻，不仅有损亲子关系，还会伤害双方的身心健康。如何防止愤怒升级呢？正如上文所说，情绪是由大脑支配的，而大脑是可以被训练的。在你感到愤怒要升级时，不妨停下来并离开当时的环境，这能给"情绪刹车片"一点时间，帮助你恢复平静。此外，小贝的妈妈还可以提前预估孩子和自己的行为与反应，觉察自己的情绪变化，并不断暗示自己要冷静。这些都是对大脑进行的有效训练。

/ **小贴士** /

> 这个步骤的关键在于，牢记愤怒升级会给自己、孩子、亲子关系带来伤害，意识到及时叫停的重要性，把伤害降到最低限度。

第 2 章 联结：用爱让信息传递得更有效

想一想

你有过成功阻止愤怒升级的经历吗？当时发生了什么？你是如何做到的？请总结三条成功经验并写下来。

_____

_____

_____

第二步：道歉先行

在小贝的案例中，妈妈关注作业大于关注孩子，关注结果大于关注亲子关系，此时亲子间的联结是断裂的。因此，妈妈说得越多，孩子越抵触，反而适得其反。

只有先联结才能解决问题！

通常来说，如果父母先道歉，就能迅速恢复联结。不过，受以往的认知"哪有长辈向晚辈道歉的道理"的影响，不少父母都觉得自己先道歉很难。父母先道歉会带来什么好处呢？

第一，父母能为孩子做好情绪管理示范。父母先道歉的本质是为孩子做正确示范，会道歉的父母也更成熟。

第二，父母先道歉能打破隔阂。如果小贝的妈妈对小贝说："刚刚是我先冲你发火的，而且很严厉地批评了你，我为我刚刚的行为向你道歉。"试想一下，小贝会有什么反应？想必他会先愣一下，继而感到惊讶，然后心疼妈妈，刚刚像刺猬一样的小贝会收起炸开的刺，变得柔和。一旦变得柔和，隔阂就会消解，双方便能为下一步的沟通做好准备。

父母道歉时要注意以下三点。

- **真诚**。意识到吼叫对孩子的伤害，主动停止这种消耗亲情的沟通方式。道歉时，要真诚，不要敷衍，不要说类似"我错了，行了吧""我都道歉了，你还想怎么样"的话，以免透支孩子对父母的信任。
- **非功利**。所谓"非功利"，就是"我为我做得不对而道歉，但我不要求你也和我一样道歉，我只是想先做好身为家长的示范"。
- **愿意等**。你要知道，孩子的大脑、认知都不成熟，所以请你去包容和接纳现状，愿意用正确的方式去引导孩子，并耐心地等待孩子慢慢变得成熟，而不是强迫孩子快速成熟。

道歉时，可以试试以下话术。

> **亲子沟通话术**
>
> （父母的）行为 +（孩子的）情绪
>
> 举例：我刚刚吼你了，很抱歉让你感到很伤心、很愤怒。
>
> （父母的）行为 +（对孩子的）影响
>
> 举例：我把你的作业本摔到了地上，我现在意识到这伤害了你，我向你道歉。

小贴士

道歉后，别急着获得孩子的原谅，允许孩子有哭诉甚至是更激烈的情绪表达。情绪是流动的，等孩子发泄完情绪冷静下来后，你们就能再次获得平静，修复断裂的联结。

想一想

你如何看待道歉？你是否有过向孩子道歉的经历？在向孩子

道歉时，你觉得存在着什么困难？

_____

_____

_____

第三步：聚焦解决方案

前面的两个步骤有助于铲除沟通障碍，在亲子间建立联结，这能让这一步的聚焦解决方案变得更加容易。

聚焦解决方案时，需要注意以下两点。

- **不要期待立刻就能解决。** 着急会让人焦虑，造成情绪升级，进入恶性循环。
- **避免将解决方案变成要求。** 比如，"你认识到错误了吗""看看你明天写作业时，能不能别这么费劲"，这些都会让孩子产生防御。

在和孩子讨论解决方案时，请保持温和的态度。如果你的情绪和心态没有准备好，就先不要聊，等准备好了再和孩子聊，这样才能确保沟通顺畅。

第2章 联结：用爱让信息传递得更有效

亲子沟通话术

提出邀请

举例：你愿意和我一起讨论一下解决方案吗？（你要做好孩子可能会拒绝你的心理准备，并等待下一个更好的机会。）

表达支持

举例：你在这个过程中遇到了什么困难，需要我们为你提供支持和帮助吗？

罗列方法

举例：我们将可行的方法罗列出来，你愿意先尝试哪种方法？选好后，我们先连续尝试三天，每天晚上复盘，再根据方法将不合理的地方进行调整，直到我们都觉得很好为止。

/ **小贴士** /

在与孩子沟通时，一定要确保与孩子之间保持着联结。而且，在罗列方法时，要以孩子的方法为主，只有孩子认可，才更有可能执行下去。这么做既关注

> 了事情又关注了孩子,既照顾了孩子的情绪和需求又能找到解决方案。

想一想

你觉得孩子目前最大的问题是什么(比如,拖拉、磨蹭、爱走神、说谎等)?请你按照以上话术,与孩子共同罗列至少三条解决方案。

_____

_____

_____

第 3 章

理解：读懂孩子的心

第3章　理解：读懂孩子的心

本章我们将介绍 4C 沟通模型中的第二个 C——理解。

身为父母，一旦我们能暂时抛开自己的立场和看法，全心全意地去倾听孩子、关注孩子的感受，就能更好地理解他、读懂他的心，增进彼此的信任。

说到理解，自然会谈到共情，共情是一种非常重要的能力。在我们具备这个能力后，不仅能更好地为亲子关系铺路，还能在必要时给予孩子温暖、包容的支持和安慰——这是一种无比珍贵的力量，能让孩子在成长之路上更加坚韧和自信。

看见孩子

在心理学中，"看见"是指通过观察和洞察力来真正理解他人的内心状态、感受和需求。看见强调与他人建立联结、能共情他人，以真正理解他人的经历和情感。

在亲子沟通中，看见指的是看见彼此的情绪、需求、成长。我们将其称为"看见模型"（见图3-1）。

图3-1 看见模型

案例

晓敏的妈妈很苦恼：女儿晓敏九岁，上三年级了，对手机非常缺乏自控力。最近，晓敏在写作业之前常问："我写完作业是不是就可以玩手机了？"妈妈则会回应说："玩什么玩，不务正业！""你都上三年级了，要少用手机！"

妈妈在前来咨询时，话语中暗含着压制、焦虑，以及对晓敏手机依赖成瘾、影响成绩的担心。

第3章 理解：读懂孩子的心

晓敏的案例很有代表性，很多父母因孩子"机不离手"感到头疼。因此，如何帮助孩子正确使用手机已经成为一个很重要的课题。

要想妥善地解决晓敏的问题，就不能只是简单地给她制订使用手机规则，更要看见她使用手机背后的原因。

案例

自从上了小学，在上学日，晓敏每天早上8点出门，下午5点到家。吃过晚饭她就立刻写作业，每天有至少10个小时的时间在学习，除去睡眠8小时和其他生活时间，一天下来属于自己的时间并不多，休闲放松的时间也很少。到了周末，她几乎整天都像赶场般前往各种兴趣班。这种紧凑的生活持续了三年，晓敏的压力自然不小。手机是她在生活中最容易获得的娱乐工具，经过了解，晓敏大多数的时间是用手机看短视频和打游戏。

· · · · · ·

妈妈很担心晓敏，但她将焦点放在了事上，而不是人身上，这时的沟通就变成了唠叨、指责，忽略了联结，不仅无效，还会有损亲子关系。那么，妈妈该怎么做才能既满足晓敏的需求，又能帮助她摆脱手机依赖呢？

我们借助看见模型帮助晓敏的妈妈找到了恰当的方法。

- **看见情绪**。晓敏对手机的渴望和焦虑可能源于学习压力大。在学习的时候，她的情绪会出现波动，一旦遇到困难，她又缺乏良好的情感调节能力。晓敏的妈妈应留意晓敏的情绪表现，观察她是否有难以承受压力、不安或沮丧的迹象，与她进行开放、坦诚的对话，倾听她对手机使用的想法和感受，确保她知道妈妈对她的关心，并愿意与她一起寻找解决问题的方法。

- **看见需求**。晓敏的妈妈需要了解孩子对手机的需求背后隐藏的真正需求（比如，渴望与朋友保持联系、通过娱乐获得放松等）。我们从案例中可知，晓敏的最大需求是寻求娱乐。因此，妈妈除了要给她一定的手机使用自由外，还要做好时间限制，并在生活中寻找可以替代手机的娱乐方式，以防孩子手机成瘾。

- **看见成长**。考虑到晓敏的年龄和发展阶段，她正处于探索自我、建立独立性和培养自我控制能力的时期。对此，妈妈要鼓励她培养其他兴趣爱好，教她关于时间管理和自我

第 3 章　理解：读懂孩子的心

调节的技巧。比如，遇到困难了该如何向老师和父母求助，想放松娱乐时该如何和父母表达。在她接受正确的指导并从中感受到益处时，就能提升自我成就感，让成长进入良性循环。

重要的是，要给予晓敏时间去逐渐适应新的规则和习惯。妈妈应保持耐心和理解，并与她共同探索适合她个人成长的解决方案。通过综合考虑情绪、需求和成长，便能帮助晓敏培养健康的手机使用习惯，促进她的全面发展。

想一想

你的孩子最近有什么行为使你比较头疼？请根据看见模型，思考孩子背后遇到了什么情绪困难、有什么需求，以及这件事能给孩子带来什么成长？请写在下面。

_____

_____

_____

了解孩子情绪的特点

孩子的情绪不同于成年人,父母和孩子沟通困难的一个很重要的原因是把孩子当成了和自己一样的成年人,认为孩子能像成年人一样听懂道理,能像成年人一样控制好情绪,但事实上远非如此。因此,了解孩子的特点能帮助父母更好地理解孩子的情绪和需要,便于父母用更适合孩子的方式交流。

孩子的情绪有以下四个特点。

表达方式简单

孩子可能无法像成年人那样,能使用诸如"失落""沮丧""兴奋""愉悦"等丰富的词汇来准确地描述自己的情绪;相反,孩子往往只能用简单的词语来表达。比如,"我今天很开心""我和同桌吵架后很不开心"。

情绪强度较高

大脑中负责冲动控制和决策的前额叶皮层,需要到25岁左右才能发育成熟。因此,儿童和青少年的情绪调节能力尚未发育完全,他们的情绪往往更加强烈和突然,他们也更容易陷入悲伤、愤怒或兴奋的情绪状态。比如,孩子得到了想要的玩具,就会开心地尖叫、跳跃;没给他买喜欢的玩具,就会大哭不止。

短暂性

孩子的情绪往往是短暂、快速地出现和消失的,来得快去得也快。他们可能会迅速地从一种情绪转变到另一种情绪,这与他们较低的耐受能力和发展水平相关。

非言语的形式

孩子常会通过非言语的形式(比如,哭、皱眉、扔东西或打滚等)来表达情绪。其中,哭是最容易的,因此孩子在遇到困难时往往会用哭来表达。

案例

果果是一名上二年级的学生。有一次,朋友来果果家玩,不小心弄坏了果果非常喜欢的新玩具枪,果果立刻大声哭闹,并推搡朋友。

● ● ● ● ● ●

由于果果的情绪调节能力尚未完全发展,因此他的情绪强度相对较高。他可能本就会因为小事而感到非常失望和愤怒，再加上这次是他非常喜欢的新玩具被弄坏了，所以他的情绪变得更加强烈和突然。不过，这种情绪并不会持续很久。果果可能在几分钟后就会逐渐平静下来，或是在父母的安慰下重新恢复平静。

如果你是果果的父母，目睹了这个情景的全过程，你会如何帮助他？

无论如何，都希望你先别急着训斥果果"小题大做"或是激化他们的矛盾，毕竟这些做法不仅无法让坏掉的玩具复原，还可能会破坏孩子们的友谊，甚至会让果果感到自己不被爱了。如何妥当地利用这样的一个"可教时刻"，提升孩子处理矛盾和情绪管理的能力呢？不妨按照以下的步骤来试试！

第一步：教孩子表达情绪

试想一下，如果你是果果，你喜欢的东西被别人弄坏了，你会有什么感受？可能会有愤怒、心疼、伤心的情绪，甚至是以后没法再玩这个玩具的担心。你可以帮着孩子试着说出来。

> **亲子沟通话术**
>
> **如果是我，我也会 + 情绪词汇**
>
> 举例：如果是我，我也会很生气。
>
> **我知道 + 情绪词汇，因为 + 事实**
>
> 举例：
>
> - 我知道你感到很愤怒，因为自己非常喜欢的新玩具被弄坏了。
> - 我知道你感到很心疼，因为自己非常喜欢的新玩具被弄坏了。

教孩子表达情绪，有两个好处：（1）让孩子感觉自己被理解了，从而更容易让情绪稳定下来；（2）教孩子用情绪表达自己的需求，这是一种更成熟的方式，能让孩子受益一生。

第二步：沟通引导

你可以引导果果与朋友更妥善地沟通和解决问题。比如，请他们坐下来，共同商量解决方案。

你要相信孩子的创造力，他们可以自行找到解决方案——或是换一个玩具玩，或是让对方赔偿或维修。你可以参与孩子间的讨论，但要以孩子为主，而且解决方案也要以孩子们商讨出来的方案为主。

> **小贴士**
>
> 父母帮助孩子理解自己的情绪,不仅能提高孩子积极应对冲突和解决问题的能力,还能提高孩子与人沟通和合作的能力。

想一想

你的孩子最近因为什么事情发过脾气?你是如何引导孩子从中学会解决问题的?把关键点写下来,以便下一次能做得更好。

_____

_____

_____

转换视角

在开始接下来的内容之前,请先思考以下问题,并把回答写在横线上。

想一想

问问孩子，他会把你比喻成什么？为什么？
你会把孩子比喻成什么？为什么？

_____

_____

_____

你和孩子如何看待彼此，会影响你们的沟通方式。

有的孩子会将妈妈比喻成大老虎，但原因可能是不一样的：有的孩子觉得老虎让他感到很安全，就像妈妈能给他安全感；还有的孩子觉得妈妈经常像老虎那样吼他，让他恐惧，这样的孩子在和妈妈交流时就可能会抵抗甚至想逃跑。

同样地，如果妈妈将孩子比喻成小老虎，原因也可能是不一样的：有的妈妈觉得孩子生龙活"虎"，在和孩子沟通时觉得孩子很可爱；还有的妈妈觉得孩子做事马虎，就会要求孩子做事仔细一些。

人们以什么视角看待问题,就会产生相应的看法,从而影响彼此的交流模式。

案例

宇恒是一名六年级的学生,被确诊为多动症,一直在吃药。咨询过程中,妈妈有一句话让我印象深刻——"他明明吃药了,为什么还不好"。可是,宇恒在听到妈妈这么说后情绪会更激动,有时甚至还会加重多动症状。

• • • • •

妈妈的这句"他明明吃药了,为什么还不好",表明她站在了"我的孩子有病了"的视角,给宇恒贴上"生病"的标签,这会在以下三个方面影响孩子及亲子沟通模式。

- 生病意味着不正常,这会压抑宇恒的动力和潜力,把"我不行"和"我做不到"常常挂在嘴边。这会影响他生活中的方方面面,进而让他感到自卑、无能、低价值、低自尊,大大影响社交、学习、自理等方面能力的发展。久而久之,还可能会让他陷入抑郁。
- 心理学中有一个名词叫"继发性获益",即生病的人因得到了周围人的关照和爱护而获得更多物质和精神上的补偿，简言之就是"因病获益"。宇恒因生病而能享受很多好处，比如，可以少写或不写作业，可以多玩一会儿手机，甚至就算成绩差也没有人责怪他。一旦生病成了他的"万能借口"，就会影响他的成长。

- 从宇恒妈妈的视角看，因为"孩子病了"，所以他注定会多动，注定和其他孩子不一样，注定会遇到更多困难，注定成绩会不如别人。然而，她看到孩子糟糕的成绩又不甘心，给了他很大的压力，这又加重了宇恒的症状表现。

妈妈的焦虑来源可能包含对多动症的不了解、对宇恒的未来的不确定等，这些都会影响她看待孩子问题的视角。

在现阶段，宇恒的确需要借助药物控制行为和情绪，这能帮助他保持比较稳定的状态。随着年龄的增长，他的大脑发育会越来越成熟，自控力也会有所提升，情况会越来越好。

可是，妈妈在现阶段可能忽略了一点——转换视角，营造更有利于宇恒成长的家庭氛围，这也会改变亲子沟通的方式。我们为她提供了以下三种视角。

- **正视问题**。正视问题，也就是面对事实。让宇恒遵医嘱吃药，但不要完全寄希望于药，不要当着孩子的面说"明明吃药了，为什么还不好"之类的话，以防给孩子贴上负面标签。

- **相信孩子**。就是相信孩子的潜力，相信他的自控力会越来越好，学习能力会越来越强。心怀这样的信念，才更有可能去帮助孩子找到更适合他的引导方法。
- **降低期待**。这里的期待是指对学习的期待，这和孩子是否有多动症无关，而是基于对孩子自身的尊重，为他设定的目标和期待都要合理。

在生活中，你可以试着去转换看孩子的视角。比如，同样是孩子玩虫子这个行为，你可能会认为他淘气，还可能会认为他因为好奇而去探索，因为探索而获得新知；同样是孩子提出异议这个行为，你可能会认为他"不听话"，还可能会认为他有自己独到的见解；同样是孩子对某件事情敏感这种情况，你可能会认为他"小题大做"，还可能会认为他有更强的情绪感受力和对他人的体察力。

╱小贴士╱

转换看孩子的视角，你可能会感到豁然开朗。

第3章 理解：读懂孩子的心

想一想

你的孩子最近有什么行为让你感到困惑？请试着转换视角，看看有没有更积极的角度去解读这个行为？

_____

_____

_____

倾听的三个层次

在我们与孩子的日常沟通中，倾听是一种非常重要的方式。

请仔细观察"听"的繁体字"聽"的结构。这个字的左侧包含了"耳"和"王"，意味着我们听的时候要以耳朵为主，要专心致志地去倾听。再看看右侧的"十""目"和"一""心"，这表达了一个重要的信息：在听孩子说话时，我们不仅要一心一意地听，还要用心观察，全面理解孩子的想法和感受。

请留意，这个字中并没有包含表示说的"讠"或"口"，这说明在倾听孩子的过程中，我们应该把自己的发言放在最后。只有我们充分理解了孩子的想法和情绪，才能进行有效的回应和交流。

所谓"倾听"，并不只是单纯地"听"。我们把倾听分为以下三个层次（见图3–2）。

积极有效地倾听

选择性地倾听

漠不关心地倾听

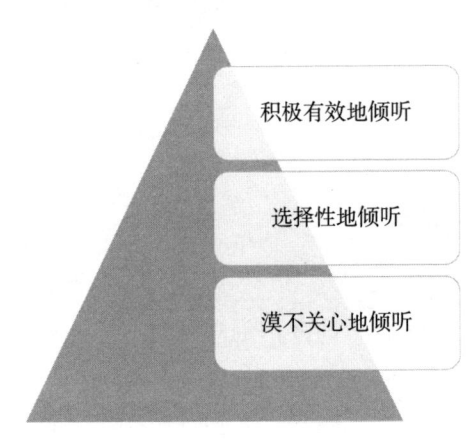

图3–2　倾听的三个层次

漠不关心地倾听

漠不关心地倾听是"倾听"的最初级层次，无助于理解和沟通。比如，当孩子和我们说话时，我们可能只听到了他的声音，但没有真正用心地去理解他的情绪和需求，这样往往会让孩子感觉自己不被重视，不利于我们与孩子进行有效的沟通。

第3章 理解：读懂孩子的心

案例

七岁的航航放学回到家后，妈妈正在忙着做饭，随口问了一句："你今天在学校怎么样？"航航哽咽地说："有个同学欺负我……"妈妈没有放下手中翻炒的铲子，只是随口说了一句："哎呀，那你以后就不要再跟他玩了！"

· · · · · ·

虽然妈妈听到了航航的话，但她因忙着做饭而没有全神贯注地听，也未能与航航共情，更没有与他共同探讨解决方案。这种漠不关心地听，只会让航航感到自己不被重视，从而感到无助和孤独。

选择性地倾听

所谓"选择性地倾听"，是指选择性地去听自己感兴趣或认为重要的信息，忽略其他的信息。虽然这种听的方式比漠不关心地听高级了一些，但仍然存在着局限。

案例

有一天，上六年级的小蔚回到家后，兴奋地和父母说：

有温度的亲子沟通：看见孩子，倾听孩子

"今天我们学校举行了趣味运动会，我参加了接力赛，我们队获得了第一名！我太开心了！"可是，父母只是淡淡地问了一句："哦，但这和你的期中考试复习有关系吗？"

小蔚感到有些失落，他挠了挠头，说："我们今天还学了新的科学实验，超级酷，我们用气球、瓶子和醋做了一个火山喷发实验……"爸爸打断了小蔚，直接问道："你今天的作业都写完了吗？期中考试你准备得怎么样了？"

面对父母的反应，小蔚觉得特别没劲，他们眼里只有学习和成绩。渐渐地，小蔚不再愿意跟他们分享自己的事情，每天放学回家后几乎整晚都待在自己的房间里不愿意出来了。

● ● ● ● ●

我们能理解小蔚的父母对孩子学习成绩的关注和重视，但在同时也请记得，孩子的生活应是色彩斑斓的，不仅有分数，还有兴趣、热情和多元化的才能。如果父母过度专注于分数，并因此选择性地听孩子所说的话，就很可能会在无形之中忽视了孩子的全面发展，还会有损亲子关系。

积极有效地倾听

积极有效地倾听是最理想的状态——我们会全身心地投入到对话中，用心去感受孩子的感受，尽力理解孩子的意图，并提出建设性的反馈。这种倾听方式将孩子的感受放在首位，能够让孩子感到被理解和接纳，进而加强亲子间的信任和联结。这是真正的倾听，是我们应该追求的目标。

积极的倾听一共包含四个要素，分别是注意力、共情、开放性、一致性。

注意力

在与孩子沟通时，我们要把所有的注意力都放在孩子身上，做到全身心的倾听，这是积极有效的倾听的基础，也是理解和感受孩子的内心世界的第一步。

如何做到全身心地倾听呢？我们要放下手上的事情，把关注点放在孩子身上，可以把身体向他的方向稍稍前倾，保持专注而和善的眼神，耐心地等孩子把话全都说完。

如果手头的事情暂时无法暂停，那么我们可以这样说："宝贝，我知道你现在有话和我说，等我五分钟，我把手头的事情处理好，我就可以专心听你说了。"

共情

共情是指我们不仅需要听到孩子所说的话，还要试着理解孩子的话的背后的真实感受和需求，站在孩子的角度去看问题。在小蔚的案例中，他的父母可以这样表达共情："第一名呀，真厉害！你们一定很自豪吧！""这个实验听起来真的很有意思。"

开放性

开放性是指我们不随意地评价孩子，不是立刻告诉孩子你这么做对或不对，而是接纳孩子各种各样的想法，允许他去表达自己。

> **亲子沟通话术**
>
> 举例：关于这件事，你是怎么想的？

一致性

一致性是指我们站在孩子身边，和他一起去面对问题。

> **亲子沟通话术**
>
> 举例：无论你遇到什么问题，你都可以告诉我，咱们一起想办法。

现在，请试想一个情景：周末早上，八岁的元元突然对要送他去上画画班的妈妈说，他不想去上课了。

你遇到过类似的问题吗？你的第一反应是什么？如果元元的妈妈能积极有效地倾听，故事会如何发展呢？

案例

元元：妈妈，我今天不想去上画画课了。

妈妈：（妈妈放下手中的事情，走过来看着元元和他沟通，这是全身心倾听的状态）哦，元元今天不想去上画画课了。

元元：（大声）我真的不想去！

妈妈：嗯，元元今天非常不想去上课。（请注意，妈妈用了"非常"一词来表达对元元情绪的理解。）

元元：是啊，画画没意思！

妈妈：嗯，之前你挺喜欢画画的，但今天觉得没意思。（妈妈用事实表达，让元元更客观、全面地看待画画这件事。）

元元：对啊，最近我们在画水粉画，每次我都把颜料弄得到处都是，特别难洗！（妈妈通过积极有效地倾听，让元元冷静了下来，说出了真实原因。）

妈妈：哦，你觉得洗颜料很麻烦。

元元：对呀，要搓很久才行！而且，同学们还会笑我洗得最慢！

妈妈：你肯定很着急吧！（妈妈没有评判元元行为的对错，只是表达对他的理解。）

元元：嗯……（沉默了一会儿。在孩子沉默时，我们可以等一等，或许会有不一样的发现。）

元元：对了，我看我同桌每次挤颜料时只挤一点点，所以她在画完画时手不会像我那样弄得那么脏。（父母积极有效的倾听能让孩子的负面情绪快速消失，心智回归平衡，也能更快地想到好办法。）

妈妈：哇，听上去你有了新发现！（妈妈仍然保持着积极有效地倾听的状态。）

元元：对呀，我下次也少挤一些颜料试试看。

妈妈：嗯，真是一个好办法！

元元：妈妈，你还是送我去上课吧，我今天上课时就想试试看。

● ● ● ● ●

听，不仅与耳朵有关，还需要我们保持专注、开放和共情，并与孩子共同解决问题、战胜困难。我们听的不仅仅是事实，还有孩子的情绪和需求，这样积极的倾听状态才是亲子沟通的秘密武器！

使用共情的语言

在理解孩子的过程中，共情的能力特别重要。人本主义心理学家卡尔·罗杰斯（Carl Rogers）曾说："深深的理解，是一个人能给予另一个人最珍贵的礼物。"

其实，人类天生就有共情能力。我们的大脑中有一群名为"镜像神经元"的神经细胞，能帮助我们理解和感受他人的情绪，了解他人的行为和意图。想象一下，当我们观看电视转播的游泳比赛时，尽管我们只是观众，却也能感到紧张刺激，仿佛我们也身处比赛中。同样地，当我们关注孩子时，镜像神经元也能让我们理解孩子的情绪和感受。随后，我们再使用共情的语言，就能让孩子感受到我们的理解，这将有助于建立和谐的亲子关系。

共情的切入点是情绪。简单地说，共情就等于识别情绪及体会情绪。与之相反的是忽视的语言。请看以下的两个场景，你就能感受到这两种语言的对比了。

案例

情景1

10岁的宁宁低着头回到家后,告诉妈妈自己很想和同桌做好朋友,但是对方一点都不领情。

忽视的语言:"不跟你做好朋友就不做呗,有什么大不了的,咱们还不稀罕跟她做好朋友呢!"

共情的语言:"是吗?你同桌不跟你做好朋友,你一定很难过吧(识别情绪)?妈妈小时候也遇到这样的同桌,那时候妈妈也是很伤心(体会情绪)。"

情景2

六岁的琳琳不小心把妈妈刚给她买的一个娃娃摔坏了,她伤心地哭了。

忽视的语言:"琳琳不哭了,不就是一个娃娃吗?咱们家有那么多娃娃呢!大不了我再给你买个一模一样的,反正也不贵!"

共情的语言:"琳琳因为这个很喜欢的娃娃摔坏了而感到很伤心,对吗(识别情绪)?妈妈小时候也像你一样,有个特别心爱的玩具,才玩了一天就摔坏了,也是哭得稀里哗啦的(体会情绪)。"

共情的核心就是让孩子感到被理解和被关注,以下是常见的共情语言。

> **亲子沟通话术**
>
> - 我理解你现在的感受。
> - 你愿意跟我聊聊吗?
> - 这对你来说一定很难。
> - 你一定有自己的原因。

想一想

请根据以下三个场景,运用共情的语言来回应孩子。

1. 孩子放学回家后,闷闷不乐地抱怨道:"数学老师在课上讲的东西我完全听不懂!"

_____

_____

_____

2. 孩子放学回家后,躲在房间里不愿意出来。

_____

3. 孩子放弃了一个很好的机会。

参考建议

1. 我理解你现在的感受。你觉得数学课上老师讲的东西完全听不懂，担心自己跟不上，这对你来说一定很难。

2. 发生什么事了？你愿意跟我聊聊吗？

3. 你一定有自己的原因，你愿意跟我聊聊吗？

当你在试着用共情的方式和孩子沟通时，很可能会遇到一些挑战。因为每个人都有自己的沟通习惯，在刚开始试着改变时，很可能会感到难以适应。别担心，也别着急，这就像学习新的舞步一样，刚开始练习时可能会手脚不协调，还可能会踩到自己的脚或舞伴的脚。不过，只要你按照正确的方式坚持练习，逐渐调整，就一定能越发娴熟。

要想在亲子沟通中熟练运用共情的语言，就要从一个个小改变开始，并一点一滴地学习和实践。只要你有足够的耐心，并能持之以恒，就一定能掌握更能理解孩子、更积极、更有利于亲子沟通的方式。

发掘孩子的优势

父母往往很羡慕那些特长突出的孩子，也会很好奇，这些孩子是如何发挥自身优势的。

案例

王诗是一位拥有三家美术培训学校的校长，也是我们的家长学员，她曾和我们分享过她自己的成长故事。

她从小就喜欢画画，妈妈也早早发现了她对色彩的感受力很强。尽管当时的资源还不太发达，但妈妈还是尽可能地购买了市面上所有能找到的画册。她动容地说："虽然我现在已经快40岁了，但我仍依稀记得四五岁时，我坐在妈妈的腿上，我们一起翻看一本本的画册。尽管我现在已经不记得那些画册的名字和内容，但我永远记得妈妈怀里的温度，还有我们惊叹那些画作好美。妈妈算是我的美育启蒙老师，在我六年级毕业的时候，我已经积累了很多作品，妈妈还请了专业的画家帮我做鉴赏，对我的作品赞不绝口，妈妈甚至给我举办了一次个人作品展。尽管那不是严格意义上的展览，但给了我很多的肯定和鼓励，我从此走上了艺术特长生的道路，报了美术专业。大学毕业后，我开办了艺术培训机构。如今，我的孩子也受到了我的影响，热爱美术，热爱艺术。"

● ● ● ● ●

王诗是幸运的，她在妈妈的看见、理解、支持和指引中成长，沉浸在欣赏和鼓励中，做着她热爱和擅长的事情。

我们做个假设：如果妈妈认为艺术这条路很难走，因为家里没有人懂艺术；学艺术要花好多钱，家里很难负担；快要中/高考了，不能再在兴趣爱好上花太多的时间和精力了；学习成绩不错，应该参加正常高考，不做艺术特长生……结果很可能是，王诗很难继续学习她很喜欢的艺术，更难从事艺术事业了。

教育心理学家霍华德·加德纳（Howard Gardner）提出了多元智能理论。最初有七大智能，分别是音乐智能、身体-动觉智能、逻辑-数学智能、语言智能、空间智能、人际智能、自我认知智能。后来，又增加了博物学家智能（见图3-3）。

表3-1简要介绍了八大智能的能力优势、具体表现、可能

第 3 章 理解：读懂孩子的心

从事的职业（注意，这仅为示例，每种智能都有着广泛的适用领域）、兴趣培养方式。父母可以借助它来发掘孩子的优势，并根据它来培养孩子。

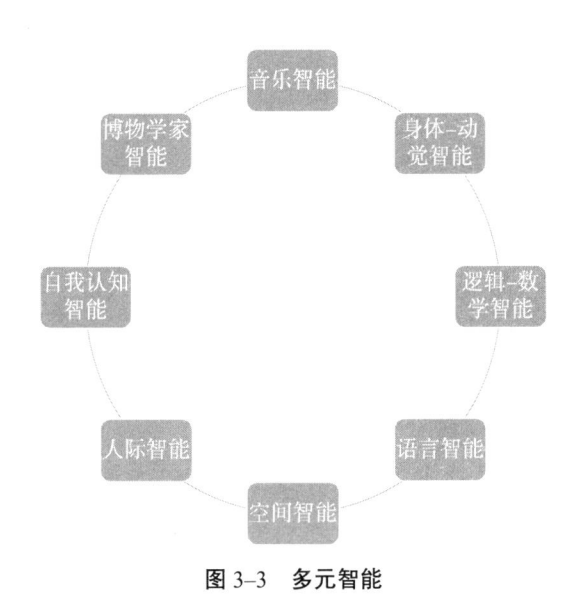

图 3–3　多元智能

表 3–1　　　　　　　　　八大智能简介

智能类型	能力优势	具体表现	可能从事的职业	兴趣培养方式
音乐智能	对音乐的敏感度和创造力强	善于演奏、作曲或欣赏音乐，对音调和节奏有敏锐的感觉	音乐家、作曲家、音乐教师、音乐治疗师等	学习乐器、参与音乐表演、听音乐、创作音乐等

续前表

智能类型	能力优势	具体表现	可能从事的职业	兴趣培养方式
身体-动觉智能	身体协调和运动技能掌握能力强	善于身体协调与控制，具备运动技巧和平衡感	运动员、舞者、演员、艺术家、医生等	参与各种运动项目、体操、舞蹈、戏剧表演等活动
逻辑-数学智能	逻辑思维和数学计算能力强	善于分析问题，运用逻辑推理和数学方法解决难题	数学家、科学家、程序员、工程师等	探索解决问题的逻辑思维过程，进行数学或逻辑游戏、解决数学难题等
语言智能	语言表达能力和理解能力强	善于听、说、读、写并使用语言进行思考和交流	主持人、作家、演讲家、编辑、律师等	阅读各类文学作品、写作、参与演讲或辩论活动等
空间智能	对空间的感知和操作能力强	善于想象和理解图像和空间关系，具有艺术和设计天赋	建筑师、室内设计师、艺术家、导航员等	绘画、雕塑、拼图、进行空间感知和导航训练等
人际智能	对人际关系的敏感度和处理能力强	善于与他人相处，能更好地理解情感和意图，具有良好的沟通和领导能力	社工、教育家、心理咨询师、销售人员、教师等	参与团队合作、社交活动，培养沟通和合作技巧等

第 3 章 理解：读懂孩子的心

续前表

智能类型	能力优势	具体表现	可能从事的职业	兴趣培养方式
自我认知智能	对自我内心的认知能力强	善于理解自己的感受、思维和目标，并有良好的自我管理能力	心理学家、教练、哲学家、心理咨询师	进行反思和内省，关注个人成长和发展，培养情绪管理和自我认知技能等
博物学家智能	对自然世界的感知和理解能力强	善于观察和理解动植物、天气、环境等自然现象	生物学家、环保专家、地质学家、农场主等	探索自然环境，观察动植物、野外考察、参与环保活动等

想一想

请根据表 3-1，评估你的孩子的各项智能的情况，你有什么新发现？

_____

_____

_____

在了解了多元智能理论后，我们希望父母了解以下几点，也能更好地理解孩子，发掘他的优势。

教育应该多元化

传统的教育往往以语言（如语文、英语）和逻辑－数学智能（如数理化）为核心，忽视了其他智能领域。可是，孩子的发展应该是多元的，而不是单一的。如果只把孩子放在某一个标准下，他的其他优势发展就会大大受限。因此，教育应该多元化。

教育应该个性化

教育还应该是个性化的，即个人化、非可比性。

个人化，是指每个人的优势都不一样。比如，有的孩子虽然学习成绩一般，但是能和同学们打成一片，这就说明他具有人际智能优势。如果父母只注重学习成绩而不允许孩子和同学们交往，就会阻碍孩子这项能力的发展，也会让孩子感到自己不被父母理解。

非可比性，是指人与人的优势是不具有可比性的。比如，王诗开了三家美术培训学校，这与另一个开了十家美术培训学校的人是不具有可比性的。在王诗的人生发展过程中，她已经尽力做到很好了，这就够了。

因此，父母需要避免孩子间的横向对比，不要为孩子树立"别人家的孩子"这样的假想敌，而应观察孩子的优势能力，鼓励孩子去不断地发展、完善他的优势能力。

评估应该多元化

传统的评估方法主要侧重于笔试或标准化测验，无法全面评估孩子的智能水平。因此，父母对孩子的评估应多元化，包括作业完成情况、口头表达等，或许可以弥补传统评估方法的不足。

想一想

根据孩子的优势能力，你打算如何帮助孩子发展优势能力？可以借助哪些资源？孩子的哪个或哪几个优势比较突出？试着写下来，这将有助于你更好地理解孩子，养育孩子也更能朝着好的方向发展。

_____

_____

_____

让孩子慢慢长大

请闭上眼睛,想象一下,你的孩子明天就能成年了,你希望孩子的外貌、品格、能力、家庭、事业是什么样子的?如果孩子活成了你的理想型,你觉得理想型必须要具备哪几条标准?在你的成长过程中,你的父母是否也曾对你寄予了厚望?

你脑中有画面了吗?

父母往往会希望孩子的身体健康;具有善良、正直、乐观的品格;拥有坚韧的毅力和批判性思维,能创造性地解决问题,从而更好地适应社会等;有一个温暖的家,还有相爱的伴侣、乖巧的孩子;能从事一份自己喜欢并能养活自己的工作。回想一下,我们的父母也曾对我们有这样的期待。

从你眼前的这个因考试不及格而哭鼻子、因和同桌发生矛盾而生气的孩子,成长为你期待的成年人,是一个漫长的过程,需要时间来培养。也就是说,孩子需要更多的时间和空间去探索、成长、发展。

然而,在当今快节奏的社会中,人们常会受到功利和竞争观念的影响,让一切都变得很紧张。"快点"成了父母们的口头禅,每天从"快点起床"到"快点睡觉",无数个"快点"

串起了一天的生活。而且，从每天的"快点"到孩子成长过程中的"快点"，让父母不自觉地希望孩子快点长大，甚至会下意识地把孩子当成大人，从而阻碍了父母对孩子的理解。

案例

小成上六年级时，因抑郁和厌学而被妈妈带到我们这里咨询。询问后得知，妈妈信奉"要让孩子赢在起跑线上"的理念，自小成一两岁起就给他报了早教班；上幼儿园时，妈妈提前教了他不少小学的知识；升入小学后，妈妈更是对他严格要求，不仅每天给他布置不少额外的学习任务，到了周末也要奔波于各个兴趣班之间。

妈妈对小成很用心，无论是在家里学习还是出去上兴趣班，她都坚持陪着。然而，几年下来，小成的成绩不但没有像妈妈预期的那样有所提高，小成还因越来越强的独立意识而不再对妈妈言听计从。在咨询中，小成告诉我们："我每天都觉得好累，我现在很讨厌上学，讨厌学习，我也讨厌妈妈，她根本不理解我想要什么。"

● ● ● ● ●

我们常会在咨询中遇到类似小成妈妈这样的父母。他们信奉"要让孩子赢在起跑线上"的理念，便早早就给孩子报早教班、兴趣班，不仅花费了大量的时间、精力和金钱，还让孩子感到很压抑，很少有喘息和自由玩耍的机会，更别说激发孩子的想象力和创造力了。

请仔细想一想，"要让孩子赢在起跑线上"这句话真的是对的吗？

漫漫人生路，每一步都算数。如果只注重起跑线，无暇欣赏这一路的风景，最终造成小成这样的后果，反倒无法应对挑战、无法适应未来社会，是不是得不偿失呢？

要想让小成的状况得到好转，妈妈就要先慢下来，简化小成日程表中的任务，允许自己和小成放松、做自己。同时，还应向心理咨询师和心理治疗师寻求帮助，和孩子一起调整状态。

家庭是孩子成长的摇篮，家庭的氛围和教育方式对孩子的发展起到重要的作用。让孩子慢慢长大的核心是，父母要以孩子为中心，看到孩子的个体差异，尊重孩子的成长节奏，为孩子独一无二的人生提供支持。

当然，让孩子慢慢长大并不意味着放任自流或缺乏引导，而是强调个性化教育和关注孩子的整体发展。父母需要为孩子提供一个充满积极、支持和鼓励的环境,在孩子探索、成长和发展的过程中给予他足够的自由和信任。

／小贴士／

> 让孩子慢慢长大,就像看待一棵树的生长一样。我们不能急于让树长得高大,却忽略了根深叶茂的重要性。每个孩子的成长都有自己的节奏和路径,我们需要给予他足够的时间去探索和成长。一旦他在自己感兴趣的领域找到乐趣和成就感,就能更好地应对生活中的挑战,取得更持久、更有意义的成功。

想一想

你在养育孩子的过程中觉得自己的节奏快吗?你想通过什么办法让自己慢下来?

_____

_____

_____

第 4 章

合作：和孩子一起解决问题

第4章　合作：和孩子一起解决问题

本章我们将介绍4C沟通模型中的第三个C——合作。

合作是通往共同目标的桥梁。当孩子遇到困难时，父母应和孩子坐下来，共同面对困难，一起商量如何解决问题。

父母的态度在合作的过程中起着决定性的作用。在与孩子沟通时，父母不是站在高处发号施令，而是以平等、尊重的姿态进行对话。因为父母不仅仅是父母，更是孩子信任的伙伴。只有让孩子感到被尊重，才会愿意与父母合作。

是要"赢了孩子"还是要"赢得孩子"

"赢了孩子"和"赢得孩子"有什么区别？先来看一个案例。

案例

小鑫的爸爸在向我们咨询时说,他发现小鑫在做作业时偷看漫画书,爸爸担心他这么做会分散注意力,影响学习。于是,爸爸明令禁止小鑫看漫画书,而且每次发现他偷看,爸爸都会严厉地批评他:"我都和你说过多少次了,看漫画会影响你的学习,赶紧把这些闲书都收起来!再让我发现,小心你的屁股开花!"

父子因此争论过多次,甚至有一次爸爸还撕烂了小鑫的几本漫画书。爸爸每次都坚持自己的原则,一副"这件事没商量"的架势。现在,小鑫确实不敢再在父母面前看漫画了,但有时会在晚上偷偷躲在被子里看。爸爸发现后,又把他狠狠地揍了一顿。

● ● ● ● ●

看似爸爸赢了,但是这件事真的解决了吗?并没有。为了防止被爸爸打骂,小鑫很可能会以越来越隐秘的方式去偷看漫画书。

所谓"赢了孩子",是指父母在解决问题的过程中很强势,一定要胜过孩子,让孩子完全听从父母的命令和要求。即使孩

第 4 章　合作：和孩子一起解决问题

子的想法有一定道理，父母也会采取不听、不理会、不接纳的态度，这会让孩子感到自己不被尊重和理解。经常这么做，会影响亲子间的亲密感和信任感，也会让孩子失去主动性。

那么，什么是"赢得孩子"呢？这是指父母通过平等的沟通和积极的引导来赢得孩子的心，建立一种信任和尊重的关系。在这种情况下，父母并非要争"赢"，而是通过共情和理解来和孩子一起解决问题。

物理学中有一个重要概念，叫作"同频共振"。"同频"是指二者的频率相同，"共振"则意味着它们能以相同的模式或频率震动。将这个概念应用到亲子沟通中，孩子的"频率"就是他的情绪和看法，如果父母能理解他的"频率"，同时调整自己的"频率"并与其匹配，就能增进彼此的理解和联结，与孩子产生深度的共鸣。

关于上述案例，爸爸要想"赢得孩子"，就要试着理解小鑫为什么这么喜欢看漫画书（比如，喜欢用看漫画书的方式获得放松），然后共同探讨如何能在不影响学习的前提下合理规划看书时间。虽然运用这种方式，爸爸看起来没有立刻"赢"，但是为孩子营造了一种理解和尊重的氛围，从长远来看，这才是真正赢得孩子，也能让孩子更愿意接受和遵从这种引导。

> **小贴士**
>
> "赢了孩子"代表权威和制止，可能会打击孩子的自我价值感，让孩子变得排斥甚至是反叛；"赢得孩子"则以理解、尊重和引导为基础，更能获得孩子发自内心的认同，心甘情愿地和父母合作，也能促进孩子的成长，形成更为健康的人格。

要想赢得孩子，就可以参考以下三个步骤来做。

第一步：共情孩子

每个孩子都是独立的个体，拥有自己的思想和观点。如果父母愿意共情孩子，试着站在孩子的角度去看问题，就能更深入地理解孩子的感受和困难了。

第二步：表达理解

共情过后，再向孩子表达理解，孩子就会感到自己心中的焦虑、痛苦、无助、茫然等情绪能得到父母的重视和抱持，可以提升孩子的安全感。

第三步：关注解决

当孩子遇到问题时，父母不应只关注问题本身，还要更多地思考如何解决。通过与孩子共同解决问题，不仅能培养孩子解决问题的能力，还能帮助孩子成长，学会独立面对问题。

回到小鑫的案例，爸爸基于上述三点，可以按照下面的方式赢得孩子。

首先，要共情孩子，即站在小鑫的角度看问题。爸爸可以这样说："小鑫，我知道你非常喜欢看漫画书，你能跟我说说你为什么这么喜欢看漫画书吗？是因为故事很有意思，还是你喜欢书中的人物？"这样爸爸就能试着理解小鑫面临的问题，引导他分享自己的观点。

其次，要表达理解，即理解小鑫对于漫画的喜爱。爸爸可以这样说："听了你的解释后，我很理解你，这套漫画书听起来的确很有意思，你可以通过看它来缓解学习压力。不过，我还是有些担心，如果你每天花大量的时间看漫画书，可能会影响学习。"爸爸不仅表达了对小鑫喜欢看漫画书的理解，还坦诚地跟小鑫说了自己的担心。

最后，要关注解决，即和小鑫共同商量具体的方法。爸爸可以这样说:"我很尊重你的兴趣爱好,不是说不允许你看漫画书,而是希望你可以在不妨碍学习、保证睡眠的前提下合理安排时间。我们一起来讨论一下如何劳逸结合,好不好?"爸爸邀请小鑫共同解决问题,讨论具体的解决建议。

在养育孩子的过程中,我们要时不时地反思,这么做能让孩子变得更好,还是让他们感觉更糟糕?

当我们命令孩子、赢了孩子时,孩子便成了失败者,输掉了自信;相反,当我们以尊重的方式赢得孩子时,孩子才愿意和我们共同面对问题,感觉自己更有尊严和价值。

/ 小贴士 /

> 记住,和孩子相处,不要分输赢,而是要共赢。赢得孩子的信任,赢得孩子的尊重,赢得孩子的合作。

想一想

回忆你最近遇到的一个育儿问题,试着按照这三个步骤赢得孩子。

第4章 合作：和孩子一起解决问题

共情孩子
_____
_____
_____

表达理解
_____
_____
_____

关注解决
_____
_____
_____

搬开合作的绊脚石

你是否有过这样的经历？

- 你满怀期待地跟孩子提出一个想法，但是孩子丝毫不感兴趣，甚至十分抗拒；
- 你很希望和孩子一起去做一件事，但是孩子爱答不理；
- 你给孩子提出一个改进建议，但是孩子偏偏和你唱反调，不愿意听你的。

有不少父母都向我们咨询过类似的问题。为什么和孩子合作这么难？其实，这些困惑的背后隐藏着四个绊脚石，阻碍了亲子之间的顺畅合作。这四个绊脚石分别是：期待过高、干预过多、惩罚过度、关注过少（见图 4-1）。

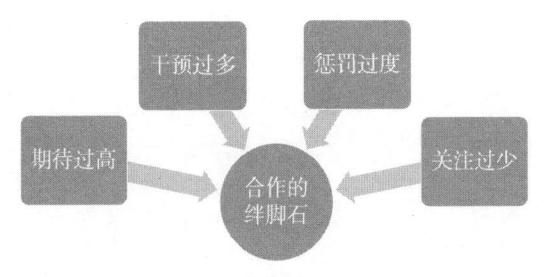

图 4-1　亲子合作的四个绊脚石

期待过高

期待过高会让孩子的压力超标，当这种压力持续增加时，他们体内的压力激素（比如皮质醇）就会随之上升。长时间的压力可能会让孩子感到忧虑和不安，还可能更难以有效表达自己内心的想法和感受，也更不愿意接受父母的建议和意见。

这样一来，不仅会让父母和孩子都压力重重，还会影响孩子的自尊和自信。如果父母的期望太高，希望孩子在各个方面都出类拔萃，父母就很容易觉得孩子做得不尽如人意，从而难掩失望、对孩子指指点点。孩子可能会因此觉得自己无论怎么努力都做得不够好，无法满足父母的期望，很可能便会选择放弃——既然我无论如何都达不到父母的要求，那我何必要继续努力呢？孩子也可能会变得焦虑——我怎么这么差劲，到底要怎么做才能满足父母的期待？

案例

有一次，我们去某知名小学为 500 位家长开展家庭教育讲座。结束后，小志的爸爸向我们求助。他是一位成功的企业家，从小就很注重对儿子的教育和培养，希望儿子在各个方面都表现出色。可是，小志对下国际象棋特别感兴趣，在学习方面则比较差劲。每次爸爸看到小志的考试成绩后都特别恼火，叮嘱小志要在学习上更加努力。然而，小志说他想走特长生这条路，不想压缩每天下棋练习的时间。父子俩经常会因此而争论不休。

经过交谈，我们建议小志的爸爸先别急着做决定，而是先去客观地了解一下情况。小志的爸爸找到国际象棋老师了解情况，老师告诉他："小志在下国际象棋方面的确很有天赋，虽然年龄小，但是思路很敏捷，在好多比赛中都已经崭露头角。"虽然爸爸一开始不能接受，但经过深思熟虑后也同意了小志的选择，并带着儿子去咨询了一些老师和同龄人的父母，听取他们的经验和建议。现在，父子俩有了共同目标，有了爸爸的理解和支持，小志更加爱学习国际象棋了，进步飞快。

• • • • •

这个故事的结局比较圆满，我们很开心地看到小志父子的转变。如果你与孩子也有类似的问题，那希望你能学着调整自己的期待值，从而更好地与孩子合作。

小贴士

> 要想对孩子的期待合理，就要切记：这个期待并不是父母单方面想要的、存在于父母想象中的，而应贴近孩子的能力，让孩子能做到，并尊重孩子的个性，给他自主的空间去思考自己想要做什么。

干预过多

所谓"干预过多"，就是父母会把所有的时间和精力都放在孩子身上，把一切都安排得井井有条，比如，为孩子列一张"天衣无缝"的计划表，将孩子一天中的每分每秒都安排得明明白白。如果孩子遇到问题，父母就会像超人一样立即出现，火速帮孩子解决问题。

根据让·皮亚杰（Jean Piaget）的认知发展理论，孩子是通过面对并克服挑战来学习和成长的，如果父母总是保护过多，代替孩子处理一切难题，就会剥夺孩子独立思考和解决问题的机会，令孩子缺乏必要的技能和经验。孩子也会变得过于依赖父母，认为所有的事情都应该由父母来完成，继而缺乏责任感。孩子甚至还可能会因父母过多的干涉而产生抵触情绪，认为父母完全不信任他的决定。教育就像是一场马拉松，父母需要从长计议。

案例

亮亮刚上一年级，在学校的表现一直很好，但最近老师发现他的行为发生了变化——以前总是举手积极回答问题，现在在课堂上越来越沉默，甚至连作业都写得很敷衍。老师不知道亮亮为什么会变成这样，便把这个情况告诉了亮亮的妈妈。

妈妈对亮亮的教育非常上心。听到老师的反馈后她非常担心，害怕亮亮的成绩会落后于其他同学。于是，妈妈决定全身心地扑到亮亮的学习上，从陪做作业到监督他预习、复习，几乎掌管了亮亮在家的每一分每一秒。

然而，亮亮并没有因为妈妈的付出而变得更积极，之前很喜欢和妈妈分享学校生活的他，开始变得沉默，很少主动和妈妈沟通。在妈妈提醒亮亮学习时，他往往只是非常冷淡地回应一句："知道了。"

妈妈对此感到非常迷茫：她为了让亮亮学得更好付出了那么多，为什么他不明白自己的苦心，甚至会引起他的反感呢？

●●●●●

尽管妈妈的初衷是帮助亮亮解决学习问题，但她的过度干预影响了母子关系。妈妈细化到每一分每一秒的安排，让亮亮因无法表达自己的感受和想法而窒息，也剥夺了他独自处理问题的机会。

对此，妈妈应该花时间去听听亮亮的想法，提供适当的支持，尝试和亮亮一起解决问题，而不是完全接管他的生活。这样一来，亮亮才有机会参与到问题解决的过程中。

第4章 合作：和孩子一起解决问题

> **/ 小贴士 /**
>
> 父母应适当放手，让孩子体会到自由和独立，让他有机会面对和解决问题。这将有利于孩子学会承担责任、独立思考，培养他的韧性，提高他的应变能力，也能更好地与父母合作共处。

惩罚过度

过于严厉的教育方式会妨碍亲子之间建立有效的沟通联结。尤其是过度惩罚，会让孩子感到害怕，不愿尝试新事物，也不敢面对错误，甚至可能会导致孩子产生一系列的心理问题，包括焦虑、抑郁和行为问题等。

案例

10岁的依依在班里一直名列前茅，但最近成绩下滑得很厉害。依依想向父母寻求帮助，帮她一起想办法提升成绩。可是，当她告诉父母这个消息的时候，他们非常生气，不仅严厉地斥责了她，还没收了她的电脑和游戏机，锁起了电视遥控器，甚至不允许她在放学后和朋友一起玩。

父母觉得这样的惩罚可以让依依专注在学习上,从而提高成绩。但实际上,这让依依更害怕向父母承认自己面临的困难,不敢向他们求助。依依只好独自面对学习困难,但这对她来说真的很难。

● ● ● ● ●

可见,过度的惩罚并不能帮孩子解决问题,反而可能会让孩子因无法和父母合作解决问题而感到很孤独。

/ 小贴士 /

> 父母应设法与孩子建立良好的沟通和合作,而不是通过严厉甚至过度的惩罚来解决问题。

关注过少

父母每天都要为工作和生活奔波,有时难免会感到力不从心。不过,如果父母因此而忽视了对孩子的陪伴,亲子间慢慢就会变得疏离,孩子会不愿意和父母分享自己的想法和感受,父母也会因此无法走进孩子的内心世界。这让父母在孩子遇到困难的时候,无法提供及时的帮助,亲子面临的问题也会越来越多。

第4章 合作：和孩子一起解决问题

> **案例**

八岁的小宇本是一个充满活力的男孩。一年前，小宇的爸爸升职后工作量变大，每天早出晚归，周末也经常加班，很少有时间陪伴小宇。

最近小宇一回到家，就会精力充沛地在客厅里玩个不停，如果父母不催他就不愿去主动写作业，即使写也是敷衍了事。

小宇的爸爸意识到可能是因为自己这一年来对孩子的忽略而给孩子带来了一些负面影响，便开始感到焦虑。他尝试了很多方法，从温柔的提醒到严厉的责备，甚至推掉了工作想陪着小宇完成作业。可是，无论他做什么，小宇总是能找到理由避开他，或是直接忽视他的存在，这让小宇的爸爸感到无比失落和无奈。

● ● ● ● ● ●

俗话说"冰冻三尺非一日之寒"，小宇的爸爸因长期忙于工作而造成了亲子关系的疏离。因此，爸爸首先要与小宇建立互动关系，尝试和小宇一起参与小宇喜欢的活动，比如，放学后一起去公园踢球或是一起玩游戏。这有助于建立亲密的亲子关系，让小宇愿意信任爸爸、与爸爸亲近。

接下来，爸爸要多关注小宇的感受和想法，比如在小宇及时完成作业时要及时给予肯定，在小宇感到疲惫时要提供安慰和支持，让他感觉到自己被关注、被爱着。在温暖的家庭氛围中，约定和合作也会变得更加顺畅。

/ 小贴士 /

> 每个家庭、每个孩子的情况都各不相同，因此任何方法都不能一概而论，父母需要根据自己孩子的情况进行灵活调整，有时甚至需要重新设计。只要父母足够细心、有足够的耐心，多关注孩子的情感需求，给予他足够的成长空间，一切就会变得越来越好。

想一想

你在育儿的过程中遇到过哪些绊脚石？属于哪种类型？

_____

_____

_____

第 4 章 合作：和孩子一起解决问题

从对抗到合作

在讲完了这四个绊脚石后，接下来将介绍如何摆脱对抗的现状，通过亲子合作清理这些障碍，实现合作。

要想从对抗到合作，就要了解引起孩子产生抵触情绪的原因，然后有针对性地应对。

孩子产生抵触情绪的原因

证明自我

孩子做出对抗行为，其实是他成长过程中必不可少的一部分。当孩子开始独立、开始表达自己的观点，甚至开始挑战父母的权威时，他其实是在试图证明自己的存在，找寻自我价值感。他渴望告诉父母，自己已经不再是需要依赖父母的小孩子了，而是一个具备独立思考和行动能力的个体。在孩子看来，这种反抗行为就像是一种激进的表达，也是他勇敢探索未知世界的证明。一旦父母理解这一点，就要给予孩子自己做决定的机会，让孩子感到被尊重。

获得关注

如果父母非常忙碌，很少有时间陪伴孩子，孩子就很可能会故意和父母对着干,以此引起父母的关注。在孩子看来,哪怕是负面的关注(比如被批评)也比被忽视要好。

如果你觉察到孩子有这样的需求,那么请不要觉得孩子在给你添麻烦,而应立刻回应他,愿意花更多的时间和精力去全身心地陪伴他。

避免受挫

孩子有时拒绝配合,也许是因为他对自己的能力产生了质疑——他对自己不那么有信心,害怕自己遭遇失败;为了避免再次经历失败的打击,他还可能选择退缩,逃避挑战,甚至拒绝与父母合作。孩子就像是在自己的周围筑起了一道防护墙,这样自己就能避免被失败和挫败感伤害了。可是,这同时也会让他错过很多尝试新事物和提高自身能力的机会。

对此,父母要先理解并接纳孩子的感受,并与孩子建立一种富有支持和理解的合作关系。要让孩子知道,无论未来面临什么困难,你都会在他的身边,和他共同面对。

来做个小练习吧!看看以下三个孩子的对抗原因是什么?

- 姗姗的数学成绩一直不好,她认为自己"学不好数学"。她的父母想帮她提升成绩,但姗姗非常抵触,她甚至拒绝完

成作业。（　　　　）
- 凯凯觉得父母总是重视弟弟,不关注自己。因此,他开始故意和父母对着干,比如晚上迟迟不肯睡觉。问他为什么还不快去睡觉,他不满地说:"你们心里不是只有弟弟吗?怎么还有工夫来管我了?"（　　　　）
- 妈妈要求豆豆整理房间,但他坚持用自己的方式来整理,即使这可能比妈妈提出的方法需要更多时间,但他希望借此证明自己能独立完成任务。（　　　　）

以上三道题的答案,分别是避免受挫、获得关注、证明自我,你做对了吗?

为孩子建立一个安全、理解和接纳的环境

在了解孩子产生抵触情绪的原因后,父母要针对这些原因为孩子建立一个安全、理解和接纳的环境,这样他就更有可能开放地与父母讨论他遇到的问题,而不是反抗。

心理学家爱德华·德西（Edward Deci）和理查德·瑞恩（Richard Ryan）提出了自我决定理论（self-determination theory）。他们认为,所有人（包括孩子）都有三种基本的心理需求——自主感、归属感和胜任感（见图4-2）。如果满足了孩子的这三种心理需求，孩子就会拥有内驱力，也会愿意与父母合作。

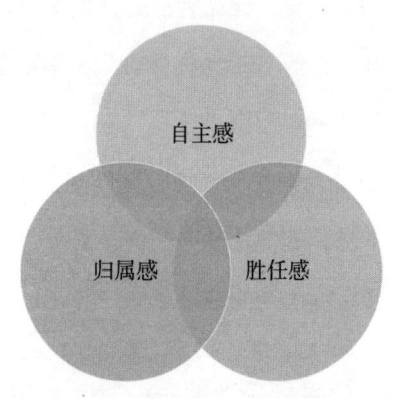

图 4–2　三种基本的心理需求

前文提到的三种抵触情绪的原因恰好对应着这三种心理需求：需要证明自我的孩子缺乏自主感；想要获得关注的孩子缺乏归属感；避免受挫的孩子缺乏胜任感。

在了解了这三种基本的心理需求后，你是否对孩子的反抗行为有了更深入的理解呢？试着回想一下，你的孩子以往出现的反抗行为，是不是因为某些心理需求没有得到满足？这就好像孩子在成长的过程中缺乏了某种营养。

别着急，接下来将介绍如何满足孩子的心理需求。简单来说，要想提升孩子的自主感，父母就要尊重孩子的意愿和选择，

第4章 合作：和孩子一起解决问题

让他参与决策，鼓励他表达自己；要想提升孩子的归属感，父母就要花时间和孩子进行轻松的交谈，了解他的内心世界，并向孩子表达父母的无条件支持；要想提升孩子的胜任感，父母就要根据孩子的能力设定期望，并根据孩子的需要提供帮助。

案例

有一次，我们在电视台做讲座。有一位妈妈向我们分享了自己与儿子晓晨之间发生的事情。晓晨今年六年级，他总是抱怨功课太多，需要熬夜学习，这让他很疲惫。妈妈很担心晓晨的健康，希望他能按时睡觉，保证休息时间。

妈妈试图和晓晨进行沟通，告诉他"你的健康才是最重要的。尽管学习很重要，但如果身体出了问题，就什么都做不了了"。可是，晓晨总是回答说他的功课太多，要是他不熬夜，就无法完成作业。

这让妈妈陷入了困境，她不知道应该如何解决这个问题：一方面，她希望晓晨在学业上有所成就；另一方面，她不希望孩子在这个过程中牺牲了健康。

我们建议她，可以尝试从三个角度和晓晨沟通。

第一，提升自主感。尊重晓晨的决定，让他自己规划时间。

我们建议晓晨的妈妈这样说:"我知道你对学习有自己的想法。你根据自己的实际情况来制定时间表吧,规划好你每天的学习和休息时间,这样就可以帮你更好地管理自己的时间了。不过,妈妈想提醒你的是,学习和休息同等重要,两者都要有。"

第二,提升归属感。多听听晓晨的看法,增进相互理解。

我们建议晓晨的妈妈这样说:"妈妈看到你每天就算是熬夜,也要努力完成学习任务,看得出你是一个对学习很负责任的人,我很想听听你对学习的看法。记住,无论你成绩怎么样,妈妈都会永远爱你、永远支持你。"

第三,提升胜任感。设定合理的目标,及时肯定晓晨的进步。

我们建议晓晨的妈妈这样说:"学习不仅是完成一个又一个的任务,更重要的是提高自己的能力。我看到你吃完饭马上就去做作业了,这说明你对学习这件事很上心。你感觉哪些学习任务比较费时间,可以和妈妈聊聊,咱们一起来想想办法。比如,如何提升学习效率,或是如何调整学习节奏,让每天多出半个小时的休息时间。"

第4章 合作:和孩子一起解决问题

总的来说,要想让孩子从对抗变为合作,父母就要看到孩子背后的需求,保持开放和接纳的态度。父母不仅要传达自己的想法,更要倾听孩子的声音。在遇到问题时,应该寻找双方都能接受的解决策略,而不是强制孩子接受父母的决定。通过这样的方式,就可以为孩子塑造一个充满爱、信任和尊重的家庭环境。

想一想

你的孩子有过对抗行为吗?结合孩子的表现,思考背后的原因。

孩子的具体表现

_____

_____

_____

对抗的原因

_____

_____

_____

引导孩子从多个角度思考问题

在养育孩子的漫长旅程中，父母不仅是孩子的保护者，还是孩子的导师。在父母和孩子合作解决问题时，第一步也是最关键的一步就是激发孩子思考，引导孩子更全面、客观地看待问题。这既可以培养孩子的问题解决能力，也可以助力孩子形成独立、批判性的思维方式，这会为他未来的生活带来诸多益处。父母可以引导孩子从这五个角度深入思考问题：事实角度、分析角度、感受角度、创新角度和道德角度（见图4–3）。

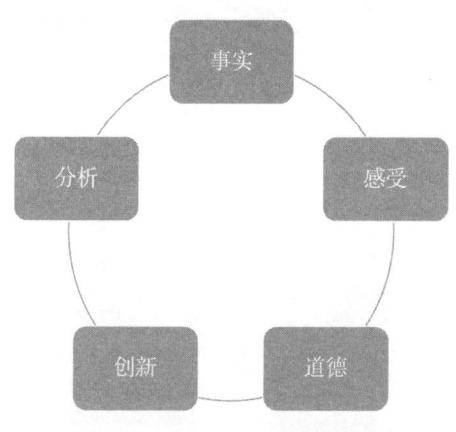

图4–3 从五个角度思考问题

事实角度

从事实角度深入思考问题就是关注事件的基本信息，引导孩子还原并理解事件的基本事实。这是最直接、最基本的分析方式，可以帮孩子建立起对事件的基本认知，包括事件的参与者是谁（who）、发生了什么（what）、在何时何地（when & where）发生，以及以何种方式进行（how），即4w1h。

分析角度

从分析角度深入思考问题会涉及对问题更深层次的分析，包括原因、结果，还有子问题以及相互关系。父母可以通过这样的问题引导孩子思考："你认为这种情况为什么会发生？如果这么做，可能会产生什么结果？这与什么子问题有关？这些子问题的相互关系如何？"

我们以"彤彤这次语文考试没及格"为例，解释一下这两个角度。

事实角度如下。

- **谁（who）**：彤彤。
- **发生了什么（what）**：语文考试没考好。
- **何时何地（when & where）**：最近学校举行的一次语文考试。
- **什么方式（how）**：不及格。

分析角度如下。

- **可能的原因**：也许是彤彤没有充分准备，或是她并不擅长数学等。
- **可能会产生的结果**：彤彤的总体成绩下降，可能会影响她的自信心，甚至可能会影响她以后的学习。
- **子问题以及相互关系**：子问题可能包括彤彤的学习方法、时间管理，甚至是学习动机等。这些子问题都可能相互影响，共同导致了彤彤这次考试成绩的不理想。

我们从中可以看到，事实角度和分析角度是相辅相成的，在理解和解决问题的过程中都发挥着重要的作用。

想一想

回忆一个你的孩子最近遇到的问题，引导孩子从事实角度和分析角度来思考这个问题，把你们的思考结果写在下面吧！

_____

_____

_____

感受角度

从感受角度深入思考问题是引导孩子探索涉及的人物或自己可能会产生的情感反应,以此提升他的情绪理解能力。可以参考以下五个步骤。

- **第一步,识别情绪**。帮孩子理解和识别自己的情绪,比如快乐、生气、悲伤或害怕等。
- **第二步,表达情绪**。在孩子能够识别自己的情绪后,要教他如何恰当地表达出来,既可以用言语表达,也可以写或画出来。
- **第三步,倾听和理解**。耐心倾听孩子的分享,用心理解他的情绪体验。
- **第四步,探索情绪的来源和影响**。帮助孩子探索情绪的来源,以及这些情绪如何影响他的行为和决策。
- **第五步,教授处理情绪的技巧**。通过深呼吸、冥想或者运动等方法,教孩子调整和控制自己的情绪。

案例

九岁的小杰放学回到家后,看起来闷闷不乐。妈妈注意到了小杰的情绪低落，便问小杰是什么事情让他不高兴。

小杰低声说，他的好朋友小辉今天没和他一起玩，因此他感到很孤单，也对小辉感到失望和生气。

● ● ● ● ●

妈妈该如何引导小杰从感受角度来思考呢？

我们从案例中可知，小杰能识别并表达自己的情绪，因此妈妈需要先通过倾听来确认小杰的情绪，给他一个安全的空间去表达自己的感受，然后引导小杰探索他的感受源自哪里，以及这种情绪如何影响了他的行动和决策。随后，妈妈可以教小杰一些处理情绪的技巧，比如，通过深呼吸和进行一些他喜欢的活动来转移注意力。通过这样的引导，小杰不仅学会了理解和处理自己的情绪，还学会了从多角度理解他人。

/ 小贴士 /

在这个案例中，妈妈还可以鼓励小杰想象一下朋友小辉可能面临的情况，试图去理解朋友为什么没有和他一起玩。这不仅能培养他的共情能力，还能帮助他更全面地理解这件事。

第4章 合作：和孩子一起解决问题

> **想一想**

你的孩子最近遇到了什么困扰他情绪的问题？按照上述步骤引导孩子，记录你们思考的过程。

_____

_____

_____

创新角度

从创新角度深入思考问题可以提升孩子的创造力。从这个角度思考问题，能鼓励孩子勇于尝试通过不同的思考方式去解决问题，而不是一成不变、循规蹈矩。

神经可塑性的原理告诉我们，大脑是可以根据经验来改变自己的。因此，在孩子面对新的思考方式或者处理问题的策略时，他们的大脑就会建立新的通路来适应这些新需求。从这个意义来说，我们鼓励孩子去创新思考，其实就是在帮他们塑造大脑，让他们更好地适应未来不断变化的世界。

案例

明明最近在科学课上学习了做火山喷发的实验,他还想做一个不同于其他同学的火山模型。

爸爸没有直接告诉他该怎么做,而是问他:"你觉得怎么做才能让自己的火山模型与众不同?"

明明想了想说,要做一个能够喷出彩色熔岩的火山。爸爸觉得这个想法很有创意,鼓励明明去查找需要的信息,并提供了一些书籍和网络资源。

在整个过程中,明明遇到了很多问题,比如如何制作彩色的熔岩,如何使得熔岩在火山喷发时喷出等。每次遇到问题,爸爸都会问他:"明明,你有什么想法?你觉得这么做可行吗?可以试试,验证一下。"爸爸鼓励他批判性地思考问题,大胆怀疑,然后验证。明明在一次次的尝试和失败中不断完善了自己的火山模型。

最后,明明终于成功做出了能喷发彩色熔岩的火山模型。爸爸看着明明的成果,脸上满是赞赏与骄傲。他微笑着说:"明明,你做的这个模型太棒了!我看到你一直在思考,不断地进行尝试,即使在这个过程中遇到了困难、尝试了失败,你也一直没有放弃。这种敢于创新的勇气是非常宝贵的,我给你点赞!"

我们可以学习明明的爸爸的处理方式，来培养孩子的创新思维。

首先，要保护孩子的好奇心。孩子天生具有好奇心，我们不要用"别碰""别弄"等口令压抑了他的好奇心，应鼓励他勇于尝试新事物，主动提问并自行探索答案。

其次，我们还要培养孩子批判性思考的能力，即不只是接受已有的信息，还要提问、怀疑、验证。这些都是批判性思考能力的一部分。一旦孩子具备了这种能力，就可能想到别人想不到的解决方案。

再次，为孩子提供多元化的学习资源，帮助孩子从不同的视角看待问题，这样做不仅能拓宽他的思维方式，还能让他的思维方式更具创新性。

最后，要记得表扬孩子的创意和勇气。不仅要表扬他的成果，还要表扬他尝试新事物的勇气和创新的过程，这样他才能在失败中学习，继续创新。

想一想

你从孩子身上发现了什么能体现其创新思维的事情?请记录你们互动的过程。

_____

_____

_____

道德角度

从道德角度深入思考问题有利于培养孩子的道德观念。有一种教学方式叫作"情境学习"(situated learning),是一种让个体在真实或虚拟情境中与他人和环境相互作用,以形成参与实践活动的能力、提高社会化水平的教学方式。换句话说,我们能通过具体的生活情境来帮助孩子更深刻地理解一些复杂的道德和伦理问题,并把这些理解应用到他的日常生活中。

以培养责任感为例。我们可以指导孩子思考这些情境中的道德或伦理问题。例如,可以这样问孩子:"你觉得这么做对不对?为什么?如果是你,你会怎么处理这个问题?"

第4章 合作：和孩子一起解决问题

案例

楚然在放学回家的路上捡到了一个钱包，打开后看到里面有很多钱和一些身份证件。他到家后，兴奋地把这件事告诉了妈妈。

妈妈听他说完后，没有立刻告诉楚然该怎么做，而是问他："你认为我们应该如何处理这个钱包呢？"

楚然皱着眉头想了想，说道："我想把它留下来，我可以用这些钱买很多玩具！"

妈妈淡淡一笑，然后问："那你有没有想过，钱包的主人可能正在因为丢钱包而很着急呢？如果你是他，你会希望捡到钱包的人怎么做？"

听了妈妈的提问，楚然又思考了一会儿，然后说道："要是我丢了钱包，我会希望捡到的人能还给我。所以，我应该把这个钱包还给它的主人！"

妈妈夸赞了楚然，并说他这是共情他人、拾金不昧的表现。

最后，楚然根据钱包里的名片上的联系信息，和妈妈一起把钱包送回了失主手中。失主特别感谢楚然，这让楚然特别高兴和自豪。这对他来说是一堂非常重要的道德课——拾金不昧。

父母平时可以陪孩子一起阅读一些含有道德和伦理主题的故事，参与一些与道德教育有关的活动，比如，参加社区服务、帮助困难的人等，让孩子了解关爱他人、奉献社会的重要性。

想一想

根据你的孩子日常发生的事情，寻找一件能从道德角度引导他思考的事情，然后记录下来。

_____

_____

_____

从这五个角度引导孩子思考问题，可以帮助孩子全面理解并分析问题，培养他独立思考的习惯，这对他日后的学习和生活都非常有益。在孩子学会了从多个角度思考问题后，也会愿意接受不同的观点，这也有助于提升亲子合作。

五个步骤帮助你和孩子愉快地合作

在孩子学会了从上述五个角度看问题后,我们就可以试着和孩子愉快地合作,一起解决问题了。

这可以通过五个步骤来完成:确认孩子的需求、与孩子进行头脑风暴、共同确定解决方案、执行方案,以及复盘评估。

/ 小贴士 /

> 以上每个步骤都很重要,每个步骤都是一个学习和成长的机会。借助这五个步骤,不仅能帮助孩子学习如何处理问题,还能改善亲子之间的互动和沟通。

第一步:确认孩子的需求

如何确认孩子的需求?我们可以参考马斯洛需求层次理论模型(见图4-4),根据该模型中列出的五个需求层次来确认孩子的需求。

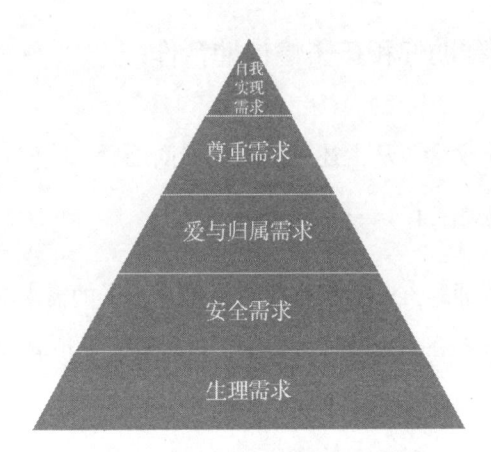

图4-4 马斯洛需求层次理论模型

(金字塔从下至上:生理需求、安全需求、爱与归属需求、尊重需求、自我实现需求)

- **生理需求**。这是最基本且最重要的需求,包括食物、水、睡眠等。如果孩子说"我累了""我困了""我饿了"等,都是在表达生理需求。身为父母,你的首要任务就是确保孩子有合理的饮食,以及充足的休息和运动时间。毕竟,健康是成长的基础。
- **安全需求**。安全需求包括生活稳定、环境安全等。如果你发现孩子感到恐惧、焦虑或担忧,那么他此时很可能正在寻求安全感。你需要为孩子提供一个稳定、支持和无暴力的家庭环境,来满足他的这种需求。
- **爱与归属需求**。如果孩子说他感到孤独或是没有朋友,他就是在表达爱与归属需求。你要多陪陪孩子，教他一些社交技巧，帮他拓展社交圈，这样做可以有效地满足他的这个需求。

- **尊重需求**。每个孩子都希望自己被尊重、被看到、被赞赏。如果孩子觉得自己总是不如别人，或总是得不到别人的认可，他可能就是在寻求尊重。你要多看到孩子的付出，及时肯定他的努力，赏识他的每个小进步，帮助他建立自尊和自信。
- **自我实现需求**。当孩子有了自己的梦想，并对学习产生强烈的兴趣和热情时，他就有可能在表达自我实现需求。你要鼓励他追求个人目标，支持他的兴趣，并提供必要的指导和资源。比如，孩子对科学特别感兴趣，你可以陪着他去找一些这方面的书籍，或是参观一些科技展，抑或是帮助他找一些课程来学习，增加动手实践的机会。只有尊重孩子的个性和兴趣，他才能找到真正的热爱，并愿意投入时间和精力去不断精进。

总的来说，父母应多关注孩子的行为、情绪，以及交流的方式。持续关注和了解能更好地理解孩子的需求，并给孩子提供相应的支持。

第二步：与孩子进行头脑风暴

与孩子进行头脑风暴，就是和孩子一起思考、一起讨论，提出可以满足孩子需求的方案，让思路尽可能地开阔和创新。比如，孩子希望有更多的时间玩耍，可能的解决方案有提高学习效率、调整作息时间、安排周末游玩、发掘更多的玩耍方式等。

第三步：共同确定解决方案

从经过头脑风暴列出来的方案中，和孩子一起挑选出最合适的，作为解决方案。在这个过程中，要和孩子共享决策权，这样才能确保解决方案既能满足他的需求，又能得到他的接纳。比如，父母和孩子一致认为，孩子可以通过提高写作业的效率来确保自己每天都有一个小时的自由玩耍时间。

第四步：执行方案

在执行方案时，需要父母的支持和引导，以及孩子的合作。双方需要共同执行确定的解决方案，并关注效果。还以上文中玩耍的例子来说，我们要确保孩子在规定的时间内完成作业，并按时开始和结束玩耍。

第五步：复盘评估

连续实践了一段时间后，请再次和孩子坐下来，一起复盘评估所选方案的实施效果，查看方案是否满足了孩子的需求，是否有需要调整的地方。比如，如果发现孩子的作业质量没有下降，而且他还因增加了放松的时间而感到更快乐，那么这个方案就可以被视为成功，以后可以继续执行。

我们可以通过以下这个案例来更好地理解上述五个步骤。

案例

子墨是一个九岁的男孩，最近他经常向父母抱怨自己没有足够的时间玩耍，因为大部分时间都被学习占据了，他对这样的现状感到不满。

可是，子墨的父母担心增加玩耍时间会影响他的学习，于是来找我们咨询。我们建议他们和子墨一起思考既能让子墨有足够的放松时间，又不会影响他学习的解决方案。

第一步：确认孩子的需求，即帮助子墨明确自己真正的需求。

爸爸说："子墨，我注意到你最近经常说想要有更多的玩耍时间。我想问问，这对你来说意味着什么？你希望每天能够玩多久？你想玩什么？"

第二步：与孩子进行头脑风暴，即让子墨参与到问题解决的过程中。

妈妈说："好，既然我们明白了你的需求，那么我们来一起想一想有什么办法能满足你的需求吧！比如，是否可以通过调整你的作息时间，或是周末去公园玩来让你获得放松呢？"

第三步：共同确定解决方案，即与子墨一起决定执行哪个方案。

在提出了一些可能的解决方案后，妈妈说："经过头脑风暴，咱们获得了好几种不错的解决方案呢！我们从中选择一个大家都能接受的方案来执行吧！子墨，你觉得哪个方案更好呢？"

第四步：执行方案，即执行共同确定的解决方案。

在确定方案后，妈妈说："好，我们从明天开始尝试新的作息安排，完成作业后你有一个小时的玩耍时间。我们观察一个星期，看看这个方案的执行效果如何。"

第五步：复盘评估，即检查方案是否有效，是否需要进行适当的调整。

在执行方案一个星期后，爸爸说："子墨，你觉得这样的安排效果怎么样？这样安排作业和玩耍的时间，你满意吗？你觉得哪里需要改进？"

• • • • •

以上五个步骤是一个循环过程，需要反复进行才能达到最佳效果。

/ 小贴士 /

> 在这个过程中，最关键的是父母要尊重孩子，以合作的态度而不是命令的方式处理问题，这样才能让孩子感到自己被尊重，也更愿意接受和执行方案。

想一想

你的孩子最近遇到了什么问题？请试着运用这五个步骤，和孩子进行合作。

第一步：确认孩子的需求。

_____

_____

___

第二步：与孩子进行头脑风暴。

___

___

___

第三步：共同确定解决方案。

___

___

___

第四步：执行方案。

___

___

___

第五步：复盘评估。

___

___

___

第 5 章

赋能：成就更优秀的孩子

第 5 章 赋能：成就更优秀的孩子

本章我们将介绍 4C 沟通模型中的第四个 C——赋能。

苏格拉底曾说过："每个人身上都有太阳，主要是如何让它发光。"

这对父母和孩子来说同样适用。父母要去激发孩子内心深处的力量，给他赋能，让他身上的小太阳光芒四射。一旦孩子理解了自己生活的意义，知晓自己所承担的责任和角色，就拥有了足以抵御人生旅途风雨的强大内心。

父母给孩子赋能，就像是送给孩子一份温暖的礼物，其中包括支持、资源和信心。这份礼物能给予孩子满满的正能量，让他接纳自己、相信自己，并持续鼓励自己，从而自信而有力量地面对生活中的一切。

有温度的亲子沟通：看见孩子，倾听孩子

用语言为孩子赋能

语言在孩子的成长过程中起到了至关重要的作用。父母的谈话方式、所采用的词汇和表达方式都可能会影响孩子对世界的认知和理解。语言不仅能传递信息，还能教孩子如何看待自己和他人、如何理解并处理复杂的情感，还会影响其道德标准和价值观的塑造。

还记得我们在第4章中提到过的神经可塑性吗？有研究结果表明，当我们反复做一件事时，大脑中的神经元会形成新的联结，使得这种行为在以后更容易发生。学习骑自行车就是一个很好的例子，初学者往往会骑得摇摇晃晃，还会经常摔跤，但只要多加练习就能熟能生巧，哪怕以后有很长一段时间不骑自行车，再骑时也能很快就骑行自如了。

同样的道理，在父母与孩子的日常沟通中，如果父母的语气和言论多是积极的，比如"你可以的""你能做到"，孩子听到的、感受到的就多是积极的信息，他也会有意无意地接纳并模仿这种言论和态度，自然就更容易形成积极向上的人格特点和精神状态；相反，如果父母总是批评孩子，常说"你做得不对""你不够好"等负面的语言，那么这些语言就会像重锤一样给孩子带来消极的影响，打击他的自信，甚至可能会让他对生活失去信心。

因此，父母要明白自己语言所具有的不可小觑的力量。在与孩子交流时，应尽可能地使用积极和鼓励的语言，比如，告诉孩子"你是被爱的""你的感受很重要""你有能力去做你想做的事情"，这能为孩子创造一个有益于其人格发展的环境，让他茁壮成长。

我们以孩子的科学考试成绩不理想为例，解读几种推荐父母经常使用的沟通话术，请注意加下划线的部分。

> **亲子沟通话术**
>
> **关注优点**
>
> 一旦你将注意力从孩子的错误与缺点上移开，专注于其优点，孩子就会从成功的经验中寻找到自我价值观和成就感。
>
> 举例：孩子，我知道你学习很努力，因为<u>你在其他科目上的成绩都不错</u>。关于科学考试，我们来一起好好分析一下，看看需要在哪些地方多下功夫，也许我们能找出提高成绩的方法。

鼓励

不要吝啬肯定，要对孩子的积极行为给予及时、真诚的赞赏，这样可以增强孩子的自尊和自信。

举例：我记得你曾说过，自己觉得实验部分很难，但你在这次考试中，你在实验部分获得了满分，<u>看得出你很努力，我为你感到骄傲</u>。

尊重

多使用表达尊重的语言，避免使用表达贬低或羞辱的语言，让孩子感受到被尊重、被理解和被爱着。

举例：我知道你对这次的成绩感到失望，这是可以理解的。但要记住，<u>这只是一次考试，并不能定义你全部的能力。你有自己的优点和擅长的地方</u>，我们只要找出提高数学成绩的方法就行了。

清晰

用简单明了的语言告诉孩子你期待他做什么，而不是不做什么，这样的沟通更高效。

举例：我建议你每天都留出一些时间复习科学知识，比如，<u>我们可以在晚饭后一起复习一下科学课本，然后你再去完成作业</u>。你觉得怎么样？

第 5 章 赋能：成就更优秀的孩子

想一想

假设你的孩子因在班干部竞选中落选了而感到很沮丧，你将如何运用这几种语言方式和孩子聊聊？

关注优点

_____

_____

_____

鼓励

_____

_____

_____

尊重

_____

_____

_____

清晰

_____

_____

_____

用复原力为孩子赋能

案例

10岁的小球是班里的语文课代表。最近学校举办演讲比赛,老师推荐他代表班级去参赛。小球认真准备了半个月,到了比赛那天,全班同学都为小球加油打气。

轮到小球上场了。当他站在台上,看着下面黑压压的同学时,脑中突然一片空白,把事先精心准备的内容忘得一干二净。最终,小球磕磕巴巴地完成了演讲,红着脸赶紧走下台。

比赛结束后,小球扑到妈妈怀里大声痛哭,觉得自己太丢脸了。

· · · · · ·

你的孩子有过类似的经历吗?

在我们开设家庭教育讲座的过程中,有不少家长都和我们反映过类似的问题,并认为孩子玻璃心,输不起。

要想让孩子赢得起,就必须先让他学会输得起。孩子在一生中会遇到各种各样的困难,其实打倒他的并不是失败本身,而是他面对失败时的心态。父母可以通过以下三个步骤用复原力给孩子赋能，让他从失败中爬起来，越战越勇。

第一步：先共情再分析

面对挫败，最先向孩子袭来的是负面情绪。父母的当务之急是要处理孩子的情绪问题，而不是挫败本身。

先来看一个错误的示范。

小球：妈妈，我太差劲了，把事情搞砸了。

妈妈：一次没做好，也没什么大不了的，男子汉要振作起来！

小球：以后我再也不想参加这种比赛了，太丢脸了！

妈妈：有什么好难过的，你要积极面对困难！

小球：我不想听，好烦呀，妈妈你别说了！

妈妈本想安慰小球，并告诉他一次失败不值得这么伤心，还希望小球能开心起来。可是，小球对于妈妈一味的打气和说教并不领情，因为他此时心里满是失望和难过。

直面情绪会让人感觉好起来，父母应及时帮助孩子疏导当下的情绪。这就像我们每天都会清倒生活垃圾，只有房间整洁了，我们才能住得舒服。如果家里的垃圾堆积如山，我们就会感到不舒服，甚至会得病。情绪也是一样，如果孩子的负面情绪得不到及时处理，他就只能把这些情绪憋在心里，久而久之，会影响孩子的心情甚至是生理健康。

如果妈妈能先关注小球的情绪，那么又会发生什么呢？

小球：妈妈，我太差劲了，把事情搞砸了。

妈妈：这次的比赛结果让你感到很失望，是吗？（明确情绪）

小球：是啊，我准备了这么久，结果演讲刚开始就什么都想不起来了。

妈妈：我理解你的想法，你只是希望自己可以在台上正常发挥，对吗？（梳理原因）

小球：就是这样的，之前明明没问题的……

这一次，妈妈的话说到了小球的心坎里，小球感到自己内心的情绪被妈妈看到了，一下子就感觉好多了。可以按以下话术来与孩子共情，引导他倾吐情绪。

第 5 章 赋能：成就更优秀的孩子

亲子沟通话术

你看起来 + 引导语

举例：

- 你看起来很伤心，能告诉我发生什么事了？
- 你看起来很生气，如果我遇到这种情况也会很生气，能和我聊聊吗？
- 你看起来很紧张，能告诉我是什么让你这么紧张吗？

在看到孩子的情绪后，父母可以进一步帮孩子梳理情绪背后的原因。哪怕是针对同一件事，如果孩子的认知不同，产生的情绪也会不同。

亲子沟通话术

你……感到……因为……

举例：

- 你和好朋友吵架了，感到很伤心，因为你很在意和她的关系。
- 你被老师误会了，感到很委屈，因为你不喜欢被人冤枉。

- 你在这次比赛中没有得奖,感到很失望,因为你之前精心准备了很长时间,很希望为班级争光。

/ 小贴士 /

这个步骤的关键点是,父母要帮助孩子梳理他当下的状态,了解他在面对失败时的情绪,然后再梳理原因。还要让孩子知道,每个人在生活中都会遇到不如意的事情,他有负面情绪是正常的。

第二步:先肯定再复盘

经过妈妈的疏导,小球的情绪平静了下来。接下来,妈妈要通过先肯定再复盘的方式帮助小球调整状态,帮他重拾战胜困难的信心。

妈妈:我看得出来,虽然你在台上演讲时很紧张,但还是坚持完成了比赛。(肯定努力)

小球:(有点委屈)可是,我发挥得太失常了。

第 5 章 赋能：成就更优秀的孩子

妈妈：我记得你去年竞选班干部的时候，要在全班面前拉票，你当时也说自己很紧张，但最终还是成功了，是吧？（唤醒成功经验）

小球：是啊，我那次感觉自己的心脏都快要跳出来了。

妈妈：听你这样说，你当时还真是很紧张啊！那你当时做了什么来缓解自己的紧张呢？

小球：嗯……我一直在心里给自己加油，我对自己说，你可以的。

妈妈：真好啊，你懂得给自己加油鼓劲。除了这样，还有呢？

小球：还有，我记得在那次拉票演讲之前，我在家里好好练习了好几次，让你和爸爸扮演我的同学。

妈妈：是啊，这样的练习也很有帮助。

情绪是流动的，情绪状态也是波动的。在情绪高涨时，我们会感到自己更有能量，认为世界非常美好，只要自己努力就一定能战胜困难；在情绪低落时，我们很可能会自我否定，认为自己什么事都做不好，没有勇气面对困难，对未来也不抱希望。

要想帮助孩子调整情绪状态、重拾战胜困难的信心，关键是让孩子感受到他是有能力的，是可以做到的。一旦让他感受到自己对事情的掌控感，无力感和无助感就会慢慢消散。父母要做到以下两点。

第一，肯定孩子做到的部分，让他意识到自己的努力。注意，肯定要适度，并加入描述肯定的细节，这会让孩子感觉到父母肯定的真实。

> **亲子沟通话术**
>
> 虽然……但是……
>
> 举例：你在比赛时非常努力，我注意到你虽然忘词了，但是一直在努力回忆，并且最终完成了这次演讲。

第二，借助孩子的成功经验，调动他对自己满意的感觉，这样可以有效地提升孩子的自信和力量感。

> **亲子沟通话术**
>
> 我（你）记得……你是怎么做到的
>
> 举例：我记得你在去年的比赛中赢得了冠军，当时你自豪地捧着奖杯，一直到家里才肯把奖杯放下。你是怎么做到的？

> **／小贴士／**
>
> 这个步骤的关键是,改变孩子的能量状态。要让孩子意识到"我能行,我是可以做到的",这能让孩子愿意迎难而上。

第三步:先思考再解决

经过前面的两个步骤,妈妈不仅帮小球平复了心情,还调整了他的情绪状态,接下来的重点就是解决问题,这能帮助小球今后再遇到类似情况时不会不知所措。

妈妈:下次再遇到比赛特别紧张的时候,你会怎么做?

小球:就像刚刚说的那样,我要给自己打打气。

妈妈:这听起来很有用,还有吗?

小球:我还想到,我要事先在观众面前练习。虽然我这次把稿子背得很熟,但都是一个人在房间练习的。

妈妈:太棒了,你一下子就想到了两个办法。我相信你今后再遇到这种情况时,一定能更好地应对紧张!

父母一定要清楚地知道,这是谁的问题。记住一个口诀:谁的问题谁解决,谁承担后果谁解决。可见,在上述案例中,小球才是解决问题的负责人,父母的角色是陪伴和支持,而不是做决定。因此,父母切记不要直接给孩子下命令或告知孩子应该怎么做。

可以用提问的方式去启发孩子思考。问题就像一把钥匙,能开启孩子的智慧,让他愿意主动去寻找答案。

亲子沟通话术

举例:

- 如果以后再遇到类似的情况,你觉得怎么做会更好?
- 你打算怎么处理?我想听听你的想法。
- 现在怎么办?你需要我的建议吗?
- 除了这样做,还有其他办法吗?
- 我们一起来想想办法。

小贴士

这个步骤的关键是如何解决问题,而不是过多地纠结于问题本身。不要说"你为什么会失败"之类的话,或是指责孩子做得不好的地方。

第5章 赋能：成就更优秀的孩子

困难是一份包装得很丑陋的礼物。父母要引导孩子转变思维，重新思考，并从失败中汲取经验教训，这能帮助孩子对失败产生不一样的理解，他的心态也会发生变化。

我们通过一个案例来展示如何运用上述步骤，并通过父母的错误说法和正确说法的对比（见表5-1）来帮助你体会孩子的内心感受。

小贴士

要想提高孩子的复原力，就需要反复练习。这是一个较为漫长的过程，父母要耐心陪伴孩子，让孩子感受到爱和温暖。

案例

七岁的欣欣学小提琴一年多了，每天晚上都会练习。可是，她今晚练习时总是出错。欣欣非常懊恼，她告诉妈妈，自己不想练了。

表 5–1　　　　　　错误说法和正确说法的对比

错误说法	正确说法	对应步骤
出点错有什么大不了的。你看，这首曲子很简单的，你再坚持一会儿就能拉对了	你感到很沮丧，因为曲子明明不难，但还是总拉错，是吗	第一步：先共情再分析
你每次拉小提琴都会出错，什么时候可以一次性拉对？你上课的时候肯定没好好听	我注意到虽然你一直出错，但是坚持尝试了好几遍，很棒。我记得去年你练新曲子的时候，同一首曲子坚持练了一个月，最后拉得特别好，老师还夸过你了，你当时是怎么做到的呢	第二步：先肯定再复盘
你为什么总出错？你不应该是这样的水平。你拉的时候再仔细点啊	我们来一起想想办法，怎么做才能把这首曲子拉对呢	第三步：先思考再解决

想一想

请根据你的孩子近期的一件事，仿照表 5-1 的方式填写表 5-2。

第 5 章 赋能：成就更优秀的孩子

表 5–2　　　错误说法和正确说法的对比（练习）

错误说法	正确说法	对应步骤
		第一步：先共情再分析
		第二步：先肯定再复盘
		第三步：先思考再解决

用自信为孩子赋能

父母都非常希望培养一个内心强大、自信勇敢的孩子。自信并不是狂妄自大，也不是无理取闹，更不是目中无人。真正的自信是建立在对自我价值和能力深刻理解和认同之上的。父母用自信给孩子赋能，孩子就能勇敢地表达自己，勇敢地接受挑战。

案例

瑶瑶五年级了,她对语文和科学很感兴趣,但数学一直是她的弱项。

每次上数学课前,她都会非常紧张,害怕老师让她回答问题。写数学作业更让瑶瑶头疼,她经常对着作业本发呆,毫无头绪,好半天也写不出一个字。

为了帮瑶瑶提高数学成绩,爸爸每天晚上都会帮她检查作业。一旦发现有错误,爸爸就会严肃地说:"你看你又做错了。"数学考试后,爸爸会认真分析瑶瑶的试卷,边皱眉边说:"你看,我之前都给你讲过多少遍了,这种题应该这么做,但你还是做错了。"可是,爸爸的这种方式让瑶瑶更加害怕数学,也更加不自信了。

• • • • •

瑶瑶的爸爸想帮助她提高成绩的想法是好的,但是沟通方式显得冷冰冰的。如果孩子总是怀疑自己,对自己评价过低,总觉得别人比自己好,害怕打击,父母该怎么办呢?其实很简单,只要遵循以下四个步骤,就能用自信给孩子赋能。

第 5 章 赋能：成就更优秀的孩子

第一步：建立全面、客观、积极、稳定的自我评价

自我评价就是个体对自己能力、价值和身份的看法，与阿尔伯特·班杜拉（Albert Bandura）提出的"自我效能感"相似。换句话说，就是个体对自己完成某项任务有多大的信心。这会影响个体每天的决策、目标设定和行动。

作为孩子的重要他人，父母对孩子的反馈会极大地影响他如何看待自己。如果父母的反馈充满鼓励和积极，孩子就会更有自尊和自信；反之，如果反馈过于严厉和消极，孩子就会对自己产生不好的看法。

因此，父母要让孩子真切地感受到，他是有价值、有能力的。可以建议孩子每天给自己一个大大的赞赏，比如："我今天的作文书写得好工整，太棒了！"这样的自我肯定语言能大大帮助孩子建立自信。帮助孩子建立全面、客观、积极、稳定的自我评价，能让他清楚地了解自己、认识自己，正视自己的优缺点。

瑶瑶的爸爸可以这样说：

瑶瑶，你知道吗？每个人都有自己擅长和不擅长的地方，这是很正常的。你在语文和科学方面就非常厉害，这说明你是

有能力的（积极的自我评价）。记住，这些都和你是否擅长数学没有关系。你只是目前在数学的学习中遇到了一些困难，但不代表永远学不好。

小贴士

> 千万不要用"别人家的孩子"和你的孩子做无谓的比较。因为每个孩子的进步速度都是不一样的，你要尊重孩子的发展节奏。

第二步：强调过程比结果重要

父母要让孩子明白，过程中的努力和投入比结果重要。也就是说，不论做什么事，汗水和付出才是真正有价值的，尽全力去做才是真正的胜利。

瑶瑶的爸爸可以这样说：

数学成绩（结果）并不是衡量你是不是好孩子、好学生的唯一标准，你为了提高数学所付出的那些努力（过程）才是最重要的。

第三步：肯定付出和努力

父母肯定孩子的付出和努力，能让孩子意识到自己被父母看到了，从而愿意付出更多的努力。比如，在看到孩子拿回来一份满分的试卷时，父母除了对他的好成绩表现出高兴外，还要对他说："我看到你每天都在努力学习，真的非常棒！"

瑶瑶的爸爸可以这样说：

我看到你完成了今天的数学作业，真棒！你一直在努力（肯定努力），这比成绩更重要。我看到了你的坚持（肯定付出），我相信你会越学越好的！

第四步：建立成功的经验

这个步骤的重点在于，帮助孩子建立属于他自己的成功经验。这样不仅能提升他的自我认同感，还能帮助他养成积极主动、自我驱动的习惯。

如何做到这一点呢？我们要充分利用孩子的最近发展区。"最近发展区"这个概念是由著名的苏联心理学家维果斯基（Lev Vygotsky）提出的，简单地说就是孩子现在能达到的水平与他有可能达到的、更高的水平之间存在着差距（见图5-1）。比如，孩子能举起来的重量与他努力后能举起来的更重的重量之间存在着差距。如果让孩子举太轻的东西，他就会觉得没意思；如果太重，他又会举不起来。因此，父母给孩子设定的目标应该比孩子现在的能力稍微高一点，需要孩子再努力一些才能实现，这样的成功经验能让孩子更有自信。

图 5-1　最近发展区

瑶瑶的爸爸可以这样说：

我知道数学在目前对你来说有点困难，但我相信你有能力改变这个情况。我们来一起设定一些简单的小目标，比如，在每天写完数学作业后，再多做一页练习，复习巩固一个概念等（设置比孩子能力高一点的小目标，有利于建立成功经验）。记住，无论结果如何，我都会为你感到骄傲，因为你为之努力了。

第 5 章 赋能：成就更优秀的孩子

瑶瑶的爸爸可以这样做。

- **了解瑶瑶数学成绩不好的原因**。是因为基础理论掌握得不够扎实，还是因为解题思路有问题，抑或是对数学失去了兴趣和信心？只有了解了原因，才能对症下药。
- **和瑶瑶一起设定可达成的目标**。比如，本周能够解答出五道数学题，下次数学考试成绩提高 10% 等。为瑶瑶设定具体的、可实现的目标，能让她更有信心去完成。
- **提供陪伴和支持**。要让瑶瑶知道，失败并不可怕，重要的是从失败中有所收获，然后继续勇敢地去尝试。爸爸可以陪瑶瑶一起学习，帮她调整适合她的学习方法，建立成功的经验。
- **表达对瑶瑶能力的信任，肯定她的努力**。要看到瑶瑶的努力，哪怕只是多练习了一篇口算题这种微小的努力，因为星星之火可以燎原。
- **让瑶瑶感受到数学的乐趣**。找一些关于数学游戏、数独等的书籍，这比单纯的数学题要有趣一些，可借此点燃她对数学的兴趣。
- **如果爸爸的时间和能力有限，那么可以考虑找专业的辅导帮助**。专业的事情找专业的人来做，专业的辅导不仅能帮助爸爸分担辅导的任务，还可能会起到更好的效果。

在你坚持用上述四个步骤引导孩子后，你会发现，孩子慢慢变得自信起来，他也会变得越来越勇敢、乐观，笑得更灿烂。

想一想

你的孩子在哪个方面不够自信？尝试运用这四个步骤为孩子赋能，在下面记录你与孩子是如何沟通的。

第一步：建立全面、客观、积极、稳定的自我评价。

_____

_____

第二步：强调过程比结果重要。

_____

_____

第三步：肯定付出和努力。

_____

_____

第四步：建立成功的经验。

用成功为孩子赋能

成功的标准

每个人心中都有一把衡量成功的尺子：有人认为有高学历就是成功；有人认为有高收入就是成功；有人认为过上平淡的生活就很满足了。那么，到底什么是成功呢？

其实，在父母衡量孩子的成功时，不应仅仅停留在表面，还应是立体且全面的。可以借助外部标准和内部标准来衡量。外部标准通常是社会常见的且容易量化的，比如学习成绩、考入了什么样的学校、是否获得奖学金等；内部标准则包括情商的提升、责任感的培养、解决问题的能力、遭遇困难时的应对方式等，尽管很难量化，但是孩子在具备这些能力后，能切实感受到自我价值的提升。

其中内部标准是核心，如果仅仅是达到了外部标准（比如获得了优异的成绩），但忽视了内部的发展（情绪管理、解决问题的能力），那么孩子也可能会感到迷茫和力不从心。当内部标准和外部标准统一时，才算真正的成功。

案例

凯乐是一个学习非常努力的孩子，自上小学起他就一直名列班级前三。他的父母为他制订了严格的学习计划，希望他能在各种的考试中都取得优异的成绩。凯乐也一直为这个目标而努力着。

可是，随着年级的提高，学习内容变得越来越难，凯乐感到压力越来越大，也要在学习上下更大的功夫。他每天的生活只有学习，无暇做其他事情，他开始怀疑自己为什么要这么努力。凯乐的情绪变得越来越低落，甚至出现了焦虑症状；他解决问题的能力也明显下降，无法应对和处理日常生活中的一些挫折。

在咨询过程中，我们发现，尽管凯乐仍然能在考试中取得优异的成绩，但他并不快乐。他开始意识到，努力学习并不能让他获得满足，他还深深地感到了迷茫和力不从心。

我们在咨询中常会遇到类似的案例。我们会建议父母，不仅要帮助孩子提高成绩（外部标准），更要教他如何提高学习兴趣、如何面对失败和压力、如何建立目标感等（内部标准）。只有平衡了这两个方面，孩子才会在追求成功的路上找到自己真正的方向并享受其中。

父母通过肯定孩子，能帮助孩子意识到自己具备的能力和品质（内部标准），让他的内心更丰盈。下面跟父母们分享两个话术。

> **亲子沟通话术**
>
> **事实 + 能力 + 好处**
>
> 举例：
>
> 场景1：孩子把自己的书桌收拾得整整齐齐。
>
> 对孩子的肯定："你总是能把自己的书桌收拾得干净整洁（事实），说明你懂得尊重和爱护自己的物品（能力）。身处整洁的环境中，不仅能让你的心情更好，也能让你更容易找到需要的东西，可见你具备了良好的生活自理能力（好处）！"
>
> 场景2：孩子每天都能按照老师的要求完成作业。
>
> 对孩子的肯定："你每天都能按照老师的要求完成作

业（事实），说明你解决问题的能力很强（能力）。这样在以后再遇到难题时，你就能自己搞定，不用依赖别人了，真的很厉害（好处）！"

场景3：孩子在学习中遇到困难时，往往能主动查找资料或是向老师请教。

对孩子的肯定："我看到你在遇到困难时，总是积极地寻求解决方法（事实），这表明你可以借助适当的资源来解决问题（能力）。相信你以后无论遇到任何困难都不会被难倒，真的很了不起（好处）！"

事实 + 品质 + 好处

举例：

场景1：妹妹哭闹时，孩子总能耐心安抚她。

对孩子的肯定："我发现每次妹妹哭闹时，你总能很温柔地安慰她（事实），说明你很有耐心和同情心（品质），这样的性格会让更多的朋友喜欢你（好处）。"

场景2：孩子确认了作业要求后才开始做。

对孩子的肯定："你在开始写作业前确认了所有的要求（事实），说明你很仔细、很认真（品质），这样的习惯可以避免错误，帮你提高学习效率（好处）。"

第 5 章 赋能：成就更优秀的孩子

> 场景 3：孩子总能按照约定的时间准时回家。
>
> 对孩子的肯定："我注意到你总能按照约定的时间准时回家（事实），这说明你是一个遵守约定、说到做到的孩子（品质），这能让别人更加信任你（好处）。"

父母的养育目标不应仅仅只是让孩子取得优异成绩这样的外显化的成功，更要帮助孩子感到幸福、自由、有意义，让他能找到适合自己的道路，并有勇气去实现自我价值。

想一想

根据这两个话术，写下对孩子的肯定。

事实 + 能力 + 好处

_____

_____

事实 + 品质 + 好处

_____

_____

得力助手：成功日记

在《小狗钱钱》这本书中提到了一个很棒的工具——成功日记。书中的小女孩吉娅通过记录自己每天的成功，不仅增强了自信心，还最终实现了梦想。这说明一个人能否成功，关键是要有自信。

诺贝尔经济学奖获得者罗伯特·默顿（Robert Merton）提出了"自我实现预言"的概念，指的是我们关注什么就会带来什么，因为我们对自己的信念和期待会影响我们的行为，并使这些期待变为现实。如果孩子相信自己可以成功，就会更主动、更努力，从而提高成功的可能性。

写成功日记是帮助孩子建立自信的得力助手，孩子可以每天用几分钟来通过记录自己生活和学习中的一个个小成就（比如，在班级里做了演讲、做了一个漂亮的手工作品），慢慢相信自己能做更多的事。在他遇到困难或是产生失落感时，翻开成功日记回顾过去的成功就能重拾自信，敢于再次面对挑战，也更懂得欣赏生活中的美好。

如何引导孩子写成功日记？

首先，和孩子一起准备一本专门的笔记本，并为它取名为

第 5 章 赋能：成就更优秀的孩子

"成功日记"，每天至少记录五条小成就。告诉孩子，可以记录下任何他认为算得上成就的事，无论多小。而且，成功也不局限于学业上的优异，还可以是解决了生活中的难题，提高了个人技能或社交能力。这样孩子就能看到更多可能性，充满期待地去探索生活和学习了。写了一篇读书笔记、帮助同桌解决了一道数学难题、新学会了一种扎蝴蝶结的方法，都是生活中的小成就。

小贴士

> 父母可以给孩子做示范。比如，你可以与孩子分享你在日常生活中取得的小成就，比如："今天妈妈赶上了早高峰的公交车，不用再挤九点的那班了。"这样孩子就能理解，成功不一定需要大到改变世界，生活中的小事也可以记录下来。

其次，和孩子商量一个固定的写日记的时间（比如，每天晚饭后或是临睡前）。找一个安静的地方，让他能够专心地回想一天的事情，这样他就能更好地专注于记录了。

最后，如果孩子愿意，可以邀请他分享自己的成功日志。

父母要仔细倾听，然后给予孩子积极的反馈，比如："我很喜欢你解决问题的方法！"这能促进孩子更积极地去书写自己的成功日记，也能增强他的自信。

在这个过程中，父母还可以引导孩子思考他是如何获得这些成功的，以便更好地理解自己的优点、积累成功经验，并据此设定未来可以达成的目标。这样一来，成功日记就不仅仅是一个记录的工具，还是一个自我提升的工具。

从现在开始，请陪着孩子记录成功，学会肯定自己，增强自信，提升内在力量，直面挑战吧！

想一想

引导孩子完成今日的成功日记，记录五条小成就。

_____

_____

第 6 章

为人父母的修炼

第 6 章　为人父母的修炼

我们都深爱着孩子,也都希望成为成熟的父母,可是我们有时也会困惑:我们也想和孩子好好说话,但为什么话到嘴边总是不能好好说出来?

为人父母本身就是一场修炼,在养育孩子的过程中我们也在不断成长,慢慢变得成熟。

成熟的父母有以下特点。

- **心理成熟**。能意识到"我"对"我"来说是第一位的,"我"属于"我"自己,"我"需要先照顾好自己,再照顾他人;同理,孩子也只属于他自己,不是父母的附属品。
- **情绪成熟**。能分清哪些情绪是来自孩子的,哪些情绪是来自自己的,且不会轻易将自己的情绪发泄到孩子身上。
- **行为成熟**。就算非常生气也有底线,能做到"三不一能",即不打骂孩子、不贬低孩子、不侮辱孩子,能理性表达愤怒。

由于情绪成熟与行为成熟的关联性较大,所以接下来我们会将二者放在一起来阐述。

做心理成熟的父母

"我这么做都是为你好",你觉得这句话耳熟吗?想必你很可能听过,也说过。

"为你好"的背后是什么

案例

绍莹有两个孩子,一个上小学二年级,一个上初二。作为全职妈妈,绍莹每天的生活几乎全都围绕着两个孩子转:早上五点起床做早餐→叫老大起床→送老大上学→回来叫醒老二起床→送老二上学→做家务、买菜→下午接老二放学→接老大放学→做饭→辅导两个孩子写作业→等孩子睡了再睡。

她就这样过了好几年,终于有一天绷不住了,冲着两个孩子吼出了憋在心里很久的话:"我为这个家牺牲了这么多,我这么辛苦,都是为了你们好啊!"

绍莹感到委屈、不平、疲惫，她认为自己牺牲了工作，逐渐在职场中失去了竞争力；牺牲了青春，精力最旺盛的时光都用来照顾孩子和丈夫；牺牲了快乐、社交、娱乐、自我成长……她所做的一切都是在为这个家让步。可是，孩子没有长成她理想中的样子，她和丈夫的关系也有些紧张。

我们认为，给绍莹做咨询工作，不仅要解决她和丈夫、孩子之间的问题，还要从系统的角度来看，即考虑她与原生家庭之间的关系以及她的成长经历。

案例

绍莹的原生家庭共有三个孩子，她排行老二，是最被忽视的那个孩子。为了显示与姐姐和弟弟的不同，赢得父母的关注，她成了家里最乖的孩子——遇事不争不抢，甚至常常会把自己的既得利益让出去。比如，好吃的好玩的常常会让姐姐和弟弟先挑，主动承担家务，父母常会因此而称赞她。绍莹从未向父母提过过分的要求，甚至连正常需求她也会说服自己可以再等等。比如，六一儿童节的新衣服、过节的压岁钱，就算没有她也不会追着父母要。就这样，绍莹的人格在成长中长出了敏感和讨好的部分。在组建了自己的家庭后，当家庭和工作发生冲突时,她自然选择了家庭,选择了先"牺牲"自己。

• • • • •

绍莹对孩子说的那句"我为这个家牺牲了这么多,我这么辛苦,都是为了你们好啊",并不只是对孩子说的,更是对那个从小就讨好、委屈的自己怒吼。她在爱孩子和丈夫之前,并没有先学会好好地爱自己。

我们在咨询中常会听到有父母说"有好吃的、好玩的,我都先让着孩子""我的任务就是好好赚钱,哪有时间休息""我是男人,就该为家里承担更多的担子"。这些想法很可能会成为一种枷锁,让人忽略自己。

心理学中有一个概念叫"躯体化",即个体存在情绪问题或心理障碍,但并没有通过心理症状表现出来,而是通过躯体症状表现了出来,通常有以下表现。

- 因压力大而导致血管收缩,从而引起头痛、偏头痛。
- 因压力大而导致肌肉紧张,从而引起颈部、肩部和背部疼痛;引起胃痛和消化问题,影响胃肠道正常的消化功能。
- 疲劳和睡眠问题,如失眠、噩梦或频繁醒来。
- 因持续的压力和情绪忽视问题而影响免疫系统功能,使人经常生病或感觉身体不适。

这样的父母会出现以下几种行为。

有的父母会用"为你好"来合理化自己对孩子的控制，比如，强迫孩子选择父母认为正确的道路或目标，却忽视了孩子的兴趣和独立性。这背后的理念是"我是为你好，我告诉你的都是对的，按我说的准没错"，并用"你应该"的标准来要求孩子。这会让孩子感到委屈和压抑。

有的父母会将孩子作为自己成就感的延伸，并用"为你好"强迫孩子追求自己所认为的成功。比如，强迫孩子当医生或律师，认为只有这样才算人生大赢家。这其实是一种理想的投射，这样的父母没有意识到自己和孩子是不同的个体。

有的父母用"为你好"来合理化自己对孩子的惩罚和威胁。他们可能会说这是出于关心和保护孩子，比如"打是亲骂是爱""打你骂你是因为你不乖"。可是，这些话都是用好来美化和掩盖惩罚的。

还有的父母在向孩子表示过度的愤怒或抱怨时，会用"为你好"来掩饰自己的情绪问题，比如"我这么辛苦你怎么不知道感恩"。这样的表达方式很可能会让孩子产生内疚感，而无法理解父母的爱和付出。

可见，这些行为无论是对父母自己还是对孩子都是不利的。

多爱自己、多尊重自己

父母应多爱自己一些、多尊重自己一些，因为只有具备爱自己的能力，才能去爱别人。具体要怎么做呢？

自我关注

重视自己的身心健康，给自己留出时间和空间，比如，发展自己的兴趣爱好、锻炼身体、和朋友交流。这样可以让自己充满能量、积极乐观，从而更好地应对日常压力。

自我授权

认识并接受自己的需求是合理的、重要的。明确自己对于休息、空闲时间、个人发展等的需求，并向家人明确传达。让家人了解你的需求，并共同探讨如何平衡家庭和个人的关系。比如，妈妈每个星期安排半天休息时间，可以逛街、和朋友聚餐，甚至是躺在床上刷剧，孩子暂时由其他人看管。

设立边界

父母在为孩子提供帮助和支持时也要注意设立适当的边

界。这意味着要教会孩子独立完成一些任务，比如，自己整理房间、在确保安全的前提下独自上下学、做旅行攻略等。

想一想

列出你独处时最想做的三件事，和家人沟通后就去做吧！

_____

_____

做情绪、行为成熟的父母

我们常强调，要做和善而坚定的父母。这并不意味着父母不能生气，而是说在生气时也不要失控，这才是情绪成熟。

案例

菁菁的父母在小区里开便利店，她常在店里写作业。

有一天，菁菁在写作业时遇到了一道难题，爸爸给她讲了一遍她还是没太理解，爸爸又给她讲了一遍。可是，在她后来遇到同类题时又不会了。爸爸暴怒，把她的作业本摔在地上，冲着她吼道："都给你讲了两遍了还是记不住！你怎么能这么笨！你的脑子呢？！"菁菁被吓得哇哇大哭。

● ● ● ● ●

情绪失控（比如，暴怒、吼叫、大哭、辱骂、边哭边吼等）常常会伴随着行为失控（比如，惩罚、打骂、虐待、摔砸东西等）。在父母失控时，会给孩子带来不可逆的创伤，不仅会让孩子出现焦虑、抑郁、自卑等情绪问题，还会形成攻击性行为模式，甚至会发展出恐惧、不信任他人的心理，从而在成年后难以建立健康的人际关系。

父母为什么会失控呢？可能存在以下几个原因。

第一，现代生活带来的压力和忙碌让有的父母感到情绪不稳定、应对困难。工作压力、财务困难、家庭责任等因素会压得他们疲惫不堪，身体紧绷，神经脆弱，缺乏灵活应对的弹性，让失控一触即发。

第二，有的父母在童年时可能经历过暴力、虐待或其他不良事件，如果没有经过心理疏导，这些经历就可能会对他们的情绪和行为带来负面影响。他们父母常说的"棍棒底下出孝子""不听话就得打"等错误理念也会延续下来，影响他们养育孩子的方式。

第三，有的父母不懂得如何有效地表达自己的情感和需求，或是缺乏解决冲突的技巧。这令他们以过激的方式来表达不满或处理问题，导致情绪和行为失控。

第四，有的父母存在着情绪管理困难，难以控制自己的情绪和行为。他们还缺乏识别、理解和调节情绪的技巧，因此更容易出现失控。

第五，有的父母不会使用健康的应对方式来处理压力和负面情绪。他们可能依赖于暴力、辱骂或其他不良行为来宣泄情绪，而不知道寻求积极的解决方案（比如，先冷静一会儿再去解决问题）。

第六，有的父母可能忽视了自身的需求，过度关注孩子或其他家庭成员的需求。这可能会造成负面情绪日积月累，进而在某个时刻突然爆发，让情绪和行为失控。

经常失控会发展为一种模式。所有的模式都具有这样的特点：下意识的、有规律的、稳定的、重复的。套用在上述案例中，菁菁的爸爸对她的打骂可能是下意识的、有规律的（一辅导孩子作业就变得紧张易怒)、稳定的(难以改变)、重复的(打骂是常态)。

因此,要想改变就要这样做:从父母开始、打破循环、建立良性循环。也就是说,菁菁的爸爸需要先意识到这会给孩子带来长期的负面影响,试着去理解和共情孩子在学习中遇到的困难,用正确的方式去辅导孩子,进而建立良性的沟通模式。

正如前文所说,做和善而坚定的父母并不意味着不能生气,我们提倡"正向愤怒"的概念。先来看几句父母在日常生活中常说的话:

- 你怎么还不睡觉,都几点了?!
- 快把衣服穿上,冻感冒了我可不管!
- 你怎么考成这样?!

父母明明是出于关心,可这样的表述方式不仅无法让孩子感受到爱,还会影响父母的情绪,成为失控的引爆点,让双方不欢而散。建议采取以下话术。

亲子沟通话术

我感到（感受）+ 对应的情感

举例：

- 我感到有些担心，你睡得太晚会影响你明天上课时的状态。
- 我感到有点着急，这么冷的天看你穿得那么少会生病的。
- 我感到有些焦虑，我很担心你在学习上觉得吃力，对学习失去信心。

当发生（具体情景）时 + 我想/建议（具体需求）

举例：

- 现在已经快11点了，可我看到你还没有打算睡觉的意思，我想了解一下你是因为作业没有做完，还是有什么其他的原因。
- 今天外面很冷，但是你只穿了一件薄薄的衣服，我建议你再穿一件外套。
- 我看到你这次考得不太好，我建议咱们一起分析一下原因，看看如何查缺补漏，提高成绩。

有温度的亲子沟通：看见孩子，倾听孩子

> 我希望（具体期望）+ 因为（给出原因）
>
> 举例：
>
> - 我希望你能早点关掉手机，因为你明天还要上学。
> - 我希望你能再穿一件外套，因为这样不容易生病。
> - 我希望你可以分析一下这次的试卷，因为这样能看得出哪些知识掌握得不扎实。

小贴士

为人父母没有捷径，在养育孩子的过程中，孩子也在帮助我们变得越来越好。

想一想

列出最近一次你对孩子的不当表达，然后用更好的表达方式去纠正它。

_____

_____

_____

后 记

写这本书的动力之一，是我们在咨询和讲座中看到了太多的故事——幸福的很多，不幸福的更多。经验告诉我们一个事实：父母是一份带着爱的、一生的事业，为人父母是需要学习和修炼的。经过学习和修炼的父母，在养育孩子的过程中不仅不会觉得心累，还能体会到幸福和平静。感谢那些一直相信我们、陪伴我们走在路上的父母。

另一个动力是我们自己——本书的两位作者。我们两个性格迥异，一个热烈直爽，一个温柔含蓄，但有着同样的热爱和理想，也同样是母亲，这让我们并肩作战了八年。我们一起在新东方工作，一起做家庭教育培训，一起讨论育儿经验，如今一起出书，相互学习、激励和搀扶。我们是战友、是朋友。

我们是幸运的，从我们为人母的那一刻起就仿佛收到了指引，是那个刚出生的小天使在冥冥之中告诉我们：你要成为更好的妈妈哦！于是我们系统学习了大量心理学知识和家庭教育指导理论，做家庭教育培训，做个案辅导。我们的讲座从10人到100人，再到线下3000人。感谢小天使的到来，促使我们成为更好的妈妈。

2017年，我们的工作发生了转折。承蒙新东方浙江学校党委书记兼校长吴晓飞老师对家庭教育的支持，以及包括黄伟群、张磊、陈娟、傅效等多位老师的支持和帮助，让家庭教育项目在浙江省开花结果。我们的家庭教育培训从线下延伸到了线上，目前已举办了1500多场讲座，影响了百万家庭。我们为中国移动、中国银行、恒丰银行、汇丰银行等多家知名企业，以及浙江近百所中小学校提供过培训服务。感谢那些相信我们、支持我们的新东方的领导和同事们。

写书前期，我们得到了秋叶团队的悉心辅导和帮助，每一位编辑都很耐心地给了我们中肯的建议。后来，我们与中国人民大学出版社签约，编辑郑悠然老师也给了我们很多建议和帮助，让我们以用户思维去写读者需要的东西。

在写书的过程中，我们也得到了很多老师和朋友的支持，这些人都是我们成长中的贵人。感谢秋叶、李海峰、王丽、彭小六、张毅、韩颖、吕瑜洁、薛铁鳞、邹一歌这九位老师愿意

后 记

为本书做推荐。

我们还要感谢我们的家人。当我们需要专注写书的时候，当我们需要晚上和周末出去培训的时候，我们的父母、爱人、亲友是我们最安心的后盾。

最后，我们还要感谢我们自己。当我们写下这篇后记时，是在一个夏日的炎热的午后，我们边回忆着我们在学习和培训过程中的点滴，边任由手指在键盘上敲出文字，那种心流状态让我们很享受。

此时，我们也更加笃定：我们要成为更好的自己，成为更好的妈妈，并为更多的父母愿意成为更好的自己和更好的父母而努力。

最后，衷心地祝愿读完了本书的你能有收获和启发。更希望所有的父母都能用有温度的方式和孩子沟通，能陪着孩子度过美好的童年，迎接丰盈的人生。

北京阅想时代文化发展有限责任公司为中国人民大学出版社有限公司下属的商业新知事业部，致力于经管类优秀出版物（外版书为主）的策划及出版，主要涉及经济管理、金融、投资理财、心理学、成功励志、生活等出版领域，下设"阅想·商业""阅想·财富""阅想·新知""阅想·心理""阅想·生活"以及"阅想·人文"等多条产品线，致力于为国内商业人士提供涵盖先进、前沿的管理理念和思想的专业类图书和趋势类图书，同时也为满足商业人士的内心诉求，打造一系列提倡心理和生活健康的心理学图书和生活管理类图书。

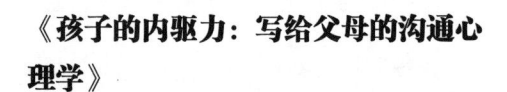

《孩子的内驱力：写给父母的沟通心理学》

- 孩子本就拥有内驱力，父母需要做的是唤醒并呵护孩子的内驱力。
- 简单实用的"铁三模型"帮助父母唤醒孩子的内驱力。
- 微微辣作序，侯志瑾、安心、徐钧、邢淑芬联袂推荐。

《非暴力亲子沟通》

- 一本教你如何与孩子好好说话、和谐共处的自助书。
- 随书附赠《非暴力亲子沟通八周训练手册》。